Muttersprache plus

5 Arbeitsheft

Gleisberg

Herausgegeben von Viola Oehme

Erarbeitet von
Bärbel Döring, Cordula Hagedorn, Iris Marko, Antje Pechau

Cornelsen

Muttersprache plus

5 Arbeitsheft

Zu diesem Buch gibt es ein passendes **Schülerbuch** (ISBN 978-3-06-062087-6).

Redaktion: Sandra Wuttke-Baschek, Recklinghausen
Illustrationen: Cleo-Petra Kurze, Berlin: S. 3, 44, 46, 49, 51, 72, 75.
Christa Unzner, Berlin: S. 3, 14–33, 58, 60, 62, 64, 69, 80–96.
Umschlaggestaltung: werkstatt für gebrauchsgrafik, Berlin
Umschlagillustration: Dorina Tessmann, Berlin
Layout und technische Umsetzung: lernsatz.de

Textquellen: 7f. Maar, Paul: Herr Bello und das blaue Wunder. © 2005 Verlag Friedrich Oetinger GmbH, Hamburg, S. 28–29. (Auszug) **10** Maar, Paul: Herr Bello und das blaue Wunder. © 2005 Verlag Friedrich Oetinger GmbH, Hamburg, S. 34–35. (gekürzt) **22f.** Aesop: Die Stadt- und die Landmaus. Nach: https://gutenberg.spiegel.de/buch/fabeln-9534/66 [18.03.19]. (gekürzt und verändert) **26** Brüder Grimm: Die Wassernixe. Aus: Kinder- und Hausmärchen. Berlin: Verlag Neues Leben, 1984, S. 352. **29** Andersen, Hans-Christian: Die Prinzessin auf der Erbse. Aus: Albertsen, Leif Ludwig (Hrsg): Märchen. Übers. v. Heinrich Denhardt. Stuttgart: Reclam, 1986. **31** Storm, Theodor: März. Aus: Sämtliche Werke in vier Bänden. Band 1. Berlin und Weimar: Aufbau, 1978. S. 148–149. **32** Storm, Theodor: In der Frühe. Aus: Sämtliche Werke in vier Bänden. Band 1. Berlin und Weimar: Aufbau, 1978. S. 143–144. **33** Morgenstern, Christian: Das Häuschen an der Bahn. Aus: Sämtliche Dichtungen. Abteilung 1, Band 2. Basel: Zbinden Verlag, 1971–1973, S. 73–74. **34** Die Hölle von Rückersdorf. Aus: Sächsische Sagen bearbeitet von Marianne Kreikenbom. © tosa Wien, 2007 (im Verlag Carl Ueberreuter Ges.m.b.H.), S. 152. (Auszug) **36** Rübezahl auf dem großen Zschirnstein. Aus: Sächsische Sagen bearbeitet von Marianne Kreikenbom. © tosa Wien, 2007 (im Verlag Carl Ueberreuter Ges.m.b.H.), S. 152. **84** Guggenmos, Josef: „He, Sie!!!“. Aus: Guggenmos, Josef: Groß ist die Welt: Die schönsten Gedichte. Weinheim: Beltz & Gelberg, 2006, S. 9. **89** Hahnemann, Katrin: Astrid Lindgren war die berühmteste Kinderbuchautorin … Aus: Hahnemann, Katrin: Astrid Lindgren. Wer ist das? © 2011 Bloomsbury Verlag GmbH, Berlin. (gekürzt und verändert) **89** Hahnemann, Katrin: Wie in den meisten Filmen … Aus: Hahnemann, Katrin: Astrid Lindgren. Wer ist das? © 2011 Bloomsbury Verlag GmbH, Berlin. (gekürzt und verändert) **91** Sieg, Julia: Wer hat den Kaugummi erfunden?. Aus: Galileo genial, 08/2018, S. 41.

Bildquellen: 12 stock.adobe.com/Fotoimpressionen; **13** stock.adobe.com/eAlisa; **17** akg-images/Bildarchiv Monheim; **18** stock.adobe.com/bajo57; **19** e. o. plauen: Vater und Sohn. Der selbstgebaute Schlitten; **21** Touché by ©Tom; **31** stock.adobe.com/creativefamily; **36** stock.adobe.com/LianeM; **37** bpk/Gemälde (um 1880) von Ernst Hader [erw. 1866–1911]; **38** stock.adobe.com/bennytrapp; **39 oben** stock.adobe.com/Klaus Eppele, **unten:** stock.adobe.com/hemlep; **41 oben** stock.adobe.com/MLehner, **unten:** stock.adobe.com/HERREPIXX; **77** Shutterstock/tratong; **85** stock.adobe.com/Torian; **88** stock.adobe.com/Marc Dietrich; **89** akg-images/Stephan Gabriel © VG Bild-Kunst, Bonn 2021/Hertha Hillfon/Denkmal für Astrid Lindgren vor dem Eingang zu Junibacken in Stockholm/2002; **91** stock.adobe.com/engelisa120; **93** Shutterstock/Dean Drobot; **94** stock.adobe.com/Frank Rohde

www.cornelsen.de

Dieses Werk berücksichtigt die Regeln der reformierten Rechtschreibung und Zeichensetzung.
Die mit * gekennzeichneten Texte wurden aus didaktischen Gründen gekürzt und/oder verändert.

1. Auflage, 3. Druck 2022

Alle Drucke dieser Auflage sind inhaltlich unverändert und können im Unterricht nebeneinander verwendet werden.

Druck: Athesiadruck GmbH

ISBN 978-3-06-063300-5

PEFC
PEFC/18-31-166

PEFC zertifiziert
Dieses Produkt stammt aus nachhaltig bewirtschafteten Wäldern und kontrollierten Quellen.

www.pefc.de

Inhalt

Schreiben, Lesen

Mitteilungen verfassen 4
Kurznachrichten schreiben 4
Eine E-Mail schreiben 5
Eine Karte schreiben 6
Erzählen 7
Aus anderen Perspektiven erzählen 7
Fantasiegeschichten erzählen 10
Beschreiben 12
Tiere beschreiben 12
Gegenstände beschreiben 14
Wege beschreiben 16
Berichten 17
Bildgeschichten und Comics lesen und verstehen 19
Fabeln lesen und verstehen 22
Märchen lesen und verstehen 26
Gedichte lesen und verstehen 31
Sagen lesen und verstehen 34
Sachtexte lesen und verstehen 38

Schritt für Schritt: Wort – Satz – Text

Wortarten und Wortformen 43
Nomen/Substantive 43
Sprache plus: Nomen/Substantive und ihre Artikel 46
Verben 47
Sprache plus: Zusammengesetzte Verben 52
Adjektive 53
Sprache plus: Endungen von Adjektiven 54
Präpositionen 55
Sprache plus: Präpositionen 56
Satzbau und Zeichensetzung 57
Satzarten und ihre Satzschlusszeichen 57
Der einfache Satz 59
Sprache plus: Mehrteilige Prädikate 63
Bau des zusammengesetzten Satzes 68
Wortbildung 71
Wortschatzerweiterung 71
Wortbedeutung 74
Wortfelder und Ober- und Unterbegriffe 74

In einem Wörterbuch nachschlagen 76
Häufig vorkommende Wortstämme richtig schreiben 78
Wörter mit *b, d, g* und *p, t, k* am Stammende 78
Wörter mit kurzem Stammvokal 80
Wörter mit langem Stammvokal 82
Typische Buchstabenverbindungen 85
Wörter mit *s, ss, ß* im Wortstamm 87
Worttrennung 88
Groß- und Kleinschreibung 89
Nomen/Substantive 89
Anredepronomen 90

Teste dich selbst! 91

Mitteilungen verfassen

Kurznachrichten schreiben

Beim Schreiben von **Kurznachrichten** (kurzen Mitteilungen) ist es wichtig, bestimmte Regeln einzuhalten. Man muss beachten, **an wen** die Mitteilung gerichtet ist, aus welchem **Anlass** man schreibt und welches **Ziel** man verfolgt. Danach richtet sich, ob man:
- eine handschriftliche Nachricht hinterlässt oder verschickt,
- eine Message mit dem Handy bzw. Smartphone oder Computer versendet,
- die Nachricht persönlich oder sachlich gestaltet,
- sehr kurz oder etwas ausführlicher schreibt.

Um Missverständnisse zu vermeiden, sollte man immer notieren:
- für wen die Nachricht ist, z. B.: *Lieber Opa! Hallo, Mama! ...,*
- was man mitteilen möchte, z. B.: *Papa möchte, dass du ... Bitte hole ...,*
- wer die Nachricht verfasst hat, z. B.: *Bis später, dein Jan. Gruß, Clara ...*

1 Lena will ihre Freundinnen Ida und Marie zu ihrem Geburtstag ins Kino einladen. Sie hat dazu eine Empfängergruppe eingerichtet und schreibt eine Kurznachricht.

Wortliste
dieser Samstag / Kino am Marktplatz / Film wird nicht verraten / Treffen um 15.30 Uhr Kinoeingang / bald Bescheid geben

a Schreibe Lenas Kurznachricht. Nutze dazu die Wortgruppen in der Wortliste.

Geburtstagskino
Ida, Marie

____

____

____

b Marie hat am Samstag ein wichtiges Spiel mit ihrem Hockeyverein. Sie schlägt deshalb vor, die spätere Kinovorstellung um 18 Uhr zu besuchen, damit sie auch kommen kann. Schreibe Maries Antwort an Lena und Ida.

Geburtstagskino
Ida, Lena

____

____

____

Eine E-Mail schreiben

Beim Schreiben einer **E-Mail** geht man so vor:
- Man trägt die E-Mail-Adresse des Empfängers in das **Adressfeld** ein.
- Man gibt ein oder wenige Stichworte zum Thema oder Anliegen der Mail in das **Betrefffeld** ein.
- Man schreibt den Text der E-Mail in das **Textfeld**.

Ein **E-Mail-Text** sollte wie ein Brief aufgebaut sein: Anrede mit Grußformel, Inhalt der Nachricht, Abschiedsformel mit Namen.
Bei E-Mails an Personen, die man mit *Sie* anspricht, muss man auf die Großschreibung der höflichen Anredepronomen achten, z. B.: *Sie, Ihnen, Ihr, Ihre, Ihren*. Außerdem nutzt man dann Begrüßungs- und Abschiedsformeln wie z. B.: *Sehr geehrte Frau …; Mit freundlichen Grüßen …; Viele Grüße …*
- Vor dem **Senden** der Mail sollte man immer alles noch einmal genau prüfen.

1 Leos Klasse möchte die Biologiestation einer anderen Schule besuchen.

a Lies die Anredeformel und überlege, ob sie angemessen ist.
Notiere eine andere mögliche Anredeformel.

b Markiere die Anredepronomen in Leos Mail und prüfe, ob sie angemessen sind.

An:
Betreff: Besuch

Liebe Frau Mader,
ich schreibe dir als Klassensprecher der Klasse 5 b der Führmannschule.
Wir sind 12 Mädchen und 15 Jungs und möchten gern in deine Biologiestation kommen. Unser Terminvorschlag ist Mittwoch, der 13. Mai, von 10.15 Uhr bis 11.45 Uhr. Wir kommen mit unserem Klassenlehrer Herrn Schmittke.
Bitte gib uns Bescheid, ob der Termin klappt.
Viele Grüße

c Überarbeite Leos Mail an Frau Mader. Schreibe die gesamte Mail neu.

An:
Betreff:

______

______

______

______

______

______

Eine Karte schreiben

Auf **Postkarten** steht rechts die Adresse und links die Nachricht.
Im **Adressfeld** stehen Angaben zur Empfängerin oder zum Empfänger:
- der Vorname und Nachname,
- die Straße und Hausnummer,
- die Postleitzahl und der Ort.

In der **Nachricht** stehen:
- oben rechts der Ort und das Datum,
- in der ersten Zeile links oben die Anrede, z. B.: *Lieber Opa …, Hallo, …,*
- am Schluss eine passende Grußformel, z. B.: *Viele Grüße …, Herzliche Grüße …, Herzlichst …, Bis bald …*

1 Stelle dir vor, dass du am Urlaubsort deiner Träume bist. Schreibe von dort eine Postkarte.

a Überlege, wem du schreiben möchtest. Fülle das Adressfeld in der Karte in Aufgabe c vollständig aus.

b Notiere dir einige Stichpunkte zu deinem Traumurlaub und deinen Erlebnissen dort.

____

____

____

____

Tipp
Bastle dir eine Postkarte. Male ein Bild oder beklebe sie mit einem Motiv, das zu deinem Traumurlaub passt.

c Schreibe nun den Text deiner Urlaubskarte.

Erzählen

Aus anderen Perspektiven erzählen

Um sich mit Geschichten auseinanderzusetzen oder auch einfach aus Freude am Erzählen, kann man ein Geschehen **aus der Perspektive verschiedener Figuren** darstellen. Dazu muss man entscheiden, **wer** erzählen soll und **in welcher Form** erzählt werden soll.
Eine **Ich-Erzählerin** / ein **Ich-Erzähler** ist am Geschehen beteiligt und erzählt aus ihrer/seiner Sicht. Sie/Er gibt eigene Gedanken und Gefühle wieder, z. B.:
Ich rannte, so schnell ich konnte. Mein Herz raste und mir war ganz heiß.
Eine **Sie-Erzählerin** oder ein **Er-Erzähler** ist nicht am Geschehen beteiligt. Sie/Er beobachtet alles von außen, z. B.:
Sie rannte, so schnell sie konnte. Ihr Herz raste und ihr war ganz heiß.
Er rannte, so schnell er konnte. Sein Herz raste und ihm war ganz heiß.

1 Der folgende Textauszug stammt aus einem Kinderbuch.

a Lies den Text und überlege dabei, wie Max sich fühlen könnte.

Paul Maar

Herr Bello und das blaue Wunder

Der Montag fing ganz schlecht an. Erst kam ich fast eine Stunde zu spät in die Schule. Papa und ich hatten zwar mitgekriegt, dass am Sonntag nachts um drei die Uhr umgestellt wurde, wegen der Sommerzeit. Papa hatte gleich am Morgen den großen Zeiger der Apothekenuhr einmal kreisen lassen. Aber meinen Wecker hatten wir vergessen. Als er wie üblich um sechs Uhr dreißig klingelte, war es in Wirklichkeit halb acht. Ich hatte mich schon gewundert, dass auf der Straße keine anderen Schüler zu sehen waren.
Frau Maier-Steinfeld, bei der wir eine Doppelstunde Mathe hatten, sagte: „Typisch Max Sternheim! Hat die Zeitumstellung verpennt! Dir sollte man die Schlafmütze des Monats verleihen!"
Die anderen aus der Klasse lachten, während ich zu meinem Platz schlich. Aber es kam noch schlimmer. Kaum hatte ich mein Heft und das Mathebuch ausgepackt, holte mich die Maier-Steinfeld an die Tafel und ließ mich 55 Minuten in Sekunden umrechnen. Damit mir klar würde, wie viel ich versäumt habe, sagte sie.
Herr Edgar hätte die Aufgabe in drei Sekunden im Kopf gerechnet. Ich brauchte ziemlich lange, bis ich die richtige Lösung hatte. An meinem Platz hätte ich die Sekunden bestimmt ganz schnell ausrechnen können. Aber wenn ich vorne an der Tafel stehe und alle gucken und grinsen, bin ich wie vernagelt. Da fällt mir nichts ein.
Die anderen Stunden liefen nicht viel besser.
Ich war froh, als es endlich zum letzten Mal klingelte und wir nach Hause durften. Aber Robert Steinheuer holte eine Tüte aus dem Papierkorb neben dem Schuleingang, riss sie an der Seite auf und stülpte sie mir über den Kopf. „Hiermit verleihe ich Max die Schlafmütze des Monats!", rief er dabei. „Schaut mal: Max ist der Schlafmützen-King!" Ich sagte: „Lass das, du Doofmann", und versuchte, mir die Tüte vom Kopf zu zerren.

Er hielt sie mit beiden Händen fest. Einige aus der Klasse lachten darüber, aber die meisten fanden das genauso gemein wie ich. Sie trauten sich nur nicht, es zu zeigen. Denn Robert ist der Stärkste aus unserer Klasse, und keiner will sich mit ihm anlegen. Ausgerechnet Moritz Brandauer, der Schwächste, sagte schließlich: „He, Robert, jetzt haben es alle gesehn, jetzt ist es nicht mehr witzig. Wirf die Tüte wieder in den Papierkorb!"
Da ließ Robert endlich los, und ich rannte nach Hause.

Tipp
Markiere nur Wörter oder Wortgruppen, die Auskunft über die Gefühle von Max geben.

b Markiere die Stellen im Text, die belegen, wie Max sich fühlt.

c Fasse nun mit eigenen Sätzen zusammen, wie Max sich fühlt, und begründe deine Meinung.

d Max lebt mit seinem Vater allein zusammen. Die beiden verstehen sich gut. Überlege, warum Max ihm trotzdem nichts von dem Geschehen erzählen wird. Schreibe deine Vermutungen auf.

e Lies noch einmal den letzten Absatz des Textauszugs und überlege, warum ausgerechnet Moritz Brandauer etwas zu dem starken Robert sagt. Notiere dir einige Stichpunkte hierzu.

Eine Erzählung planen

Tipp
Lies den Text noch einmal abschnittsweise.

2 Moritz hat mitbekommen, dass der Schultag für Max nicht gut gelaufen ist. Erzähle die Geschichte nun aus der Sicht von Moritz.

a Notiere zuerst, was Moritz nacheinander beobachtet und was er dabei denkt, fühlt und vielleicht zu jemandem sagen könnte.

____

____

____

____

____

____

____

____

____

Einen Entwurf schreiben und überarbeiten

Tipp
Lasse beim Schreiben des Entwurfs einen Rand und jede zweite Zeile für Korrekturen und Ergänzungen frei.

b Schreibe einen Textentwurf in dein Heft.
Erzähle in der *Ich*-Form aus der Sicht von Moritz.

c Überarbeite deinen Entwurf. Nutze dazu die Checkliste und ergänze, streiche oder ändere etwas, wenn du so deinen Text verbessern kannst.

Checkliste zum Überarbeiten deines Textentwurfs	
Habe ich die Handlung aus der Sicht von Moritz erzählt?	☐
Passen seine Beobachtungen zur Originalgeschichte?	☐
Habe ich die Gedanken und Gefühle von Moritz deutlich gemacht?	☐
Habe ich an passenden Stellen wörtliche Rede verwendet?	☐
Sind meine Satzanfänge abwechslungsreich?	☐
Habe ich einen passenden Anfangs- und Schlusssatz aus Sicht von Moritz formuliert?	☐
Habe ich die Rechtschreibung überprüft?	☐

d Schreibe die Endfassung in dein Heft.

2b Du kannst die Erzählung so beginnen.
Als ich heute Morgen zur Schule kam, fiel mir gleich auf, dass Max noch nicht da war. …

Fantasiegeschichten erzählen

Man kann sowohl **realistische Geschichten** erfinden als auch **fantastische Geschichten**. In **realistischen Geschichten** erzählt man von Ereignissen, Figuren und Dingen, die es in der Wirklichkeit tatsächlich geben könnte.
In **Fantasiegeschichten** wird von zauberhaften und unwirklichen Ereignissen, Figuren oder Dingen erzählt. Man braucht viel Fantasie und besondere Ideen, um von **Fantasiewesen** und **Fantasiewelten** zu erzählen.
Wenn du eine Fantasiegeschichte erfinden oder fortsetzen möchtest, sammle zuerst Ideen. Reizwortketten oder Bilder können dir dabei helfen.

1 „Herr Bello und das blaue Wunder" wird nach und nach zu einer Fantasiegeschichte. Lies, wie es mit Max weitergeht.

Paul Maar

Herr Bello und das blaue Wunder

Max ist nach der Schule allein zu Hause, weil sein Vater eine Arznei ausliefert. Er langweilt sich und geht in das Labor seines Vaters, in dem dieser Arzneien, Kräutermischungen oder auch Dünger herstellt für seinen Freund Herrn Edgar, den Bauern. Auf dem Labortisch steht eine Flasche mit einer geheimnisvollen blauen Flüssigkeit, die eine alte, seltsame Frau dem Vater gebracht hat mit dem Hinweis, dass Max' Urgroßvater die Flüssigkeit vor langer Zeit für sie hergestellt habe ...

Neben der großen Flasche standen noch einige andere auf dem Tisch, daneben lag ein dickes Buch. Es war beim Kapitel „Düngemittel und ihre Verwendung" aufgeschlagen. [...]
Papa hatte mir zwar verboten, im Labor irgendwelche Sachen zu machen, wenn er nicht dabei war. Aber schließlich konnte ich ja nichts dafür, dass er jetzt nicht dabei war. Er war selber schuld.
[...] Ich hielt die Flasche schräg und kippte ein bisschen von der blauen Flüssigkeit in eine Porzellanschale. Dann holte ich mir das Fläschchen mit der gelben Lebensmittelfarbe, mit der Papa immer die Fruchtgummis färbt, und schüttete ungefähr einen Esslöffel voll in die blaue Flüssigkeit. Ich hatte eigentlich erwartet, dass die Flüssigkeit nun grün würde, denn Gelb und Blau ergibt Grün. Aber die Flüssigkeit blieb blau. Das war merkwürdig.
Ich versuchte es mit einer roten Flüssigkeit: das gleiche Ergebnis. Irgendwie hatte die blaue Farbe die anderen völlig geschluckt. Jetzt probierte ich aus, was passiert, wenn man was Festes reinkippt. Auf einer Tüte stand „Kalisalz". Ich holte eine Handvoll von dem Zeug heraus, ließ es in die blaue Flüssigkeit rieseln und rührte mit einem Porzellanlöffel um. Das Salz löste sich langsam auf. Sonst passierte nichts. Gerade als ich gucken wollte, was die hellblaue Farbe macht, wenn ich was Dunkelblaues reinkippe, hörte ich, wie Papa die Apotheke von außen aufschloss.
Hätte er mich beim Experimentieren erwischt, hätte er bestimmt geschimpft. So nahm ich die Schale und schüttete den blauen Saft ganz schnell in einen Blumentopf – genauer gesagt, in die Erde des kleinen Zitronenbäumchens, das unter dem Laborfenster steht – und ging hinüber in die Apotheke. [...]
Den Dienstagmorgen verbrachte Sternheim unten in der Apotheke, während Max in der Schule war. Gegen Mittag schloss er wie üblich die Apotheke und

wollte eigentlich nach oben gehen, um das Mittagessen vom Vortag aus dem Kühlschrank zu nehmen und in den Mikrowellenherd zu schieben. Vorher warf er aber noch einen Blick ins Labor und blieb verblüfft in der offenen Tür stehen. […]*

Eine Erzählung planen

Tipp
Denke dir ruhig etwas Verrücktes aus! Trotzdem muss es zum Anfang der Geschichte passen.

2 Ab hier wird die Erzählung zu einer Fantasiegeschichte. Was könnte Max' Vater so verblüfft haben?

a Notiere erste Ideen in Stichpunkten.

b Überlege genauer, was du in deiner Geschichte erzählen möchtest. Ergänze deine Stichpunkte im Heft. Du kannst dazu zum Beispiel folgende Fragen beantworten:
- Wie sieht das, was Sternheim im Labor entdeckt hat, genau aus?
- Was denkt und fühlt Sternheim über das, was er entdeckt hat?
- Was tut Sternheim anschließend?
- Wo genau begegnen sich Max und Sternheim nach Schulschluss?
- Was sagen sie zueinander?
- Mit welcher Situation endet deine Geschichte?

Einen Entwurf schreiben und überarbeiten

Tipp
Du kannst deinen Entwurf auch am Computer schreiben.

c Schreibe einen Entwurf deiner Geschichte. Erzähle bis zu dem Zeitpunkt, zu dem Max von der Schule nach Hause kommt und seinem Vater begegnet.

d Überarbeite deinen Entwurf mithilfe der Checkliste.

Checkliste zum Überarbeiten deines Textentwurfs	
Habe ich genau erzählt, was Sternheim sieht, denkt, fühlt und tut?	☐
Habe ich Bezug auf den Anfang der Geschichte genommen?	☐
Habe ich an passenden Stellen wörtliche Rede verwendet?	☐
Sind meine Satzanfänge abwechslungsreich?	☐
Habe ich einen passenden Schluss formuliert?	☐
Habe ich die Rechtschreibung überprüft?	☐

e Schreibe nun die Endfassung in dein Heft.

Beschreiben

Tiere beschreiben

Beim **Beschreiben eines Tieres** können Informationen zum Aussehen, Verhalten, Lebensraum, zur Lebensweise, Ernährung und zu besonderen Fähigkeiten wichtig sein. Welche Angaben notwendig sind, hängt davon ab, für wen und zu welchem Zweck man das Tier beschreibt.
Um ein Tier kurz, knapp und möglichst genau zu beschreiben, kann man einen **Steckbrief** erstellen. In einem Steckbrief nennt man die wichtigsten Merkmale und Informationen stichpunktartig:
- zur Art oder Rasse (z. B.: Hunderasse: Dackel),
- zum Lebensraum (z. B.: Europa),
- zur Ernährung,
- zum Aussehen (Gestalt/Körperbau, Farbe des Fells),
- zur Größe / zum Gewicht,
- zum Verhalten.

1 Die Schildkröte von Familie Bauer ist verschwunden.
Deshalb veröffentlicht die Familie eine Suchanzeige in Form eines Steckbriefs.

a Untersuche den Aufbau und Inhalt des Steckbriefes.
Kreuze an, welche der folgenden Angaben er enthält.

☐ Art ☐ Größe ☐ Gewicht ☐ Ernährung ☐ Aussehen
☐ Lebensraum ☐ Verhalten

Schildkröte entlaufen!

Art: Griechische Landschildkröte
Alter: 18 Jahre alt
Geschlecht: weiblich
Größe: etwa 25 Zentimeter
Gewicht: etwa 700 Gramm
Aussehen: ovalförmig gewölbter Rückenpanzer, gelbbräunlich gefärbt mit großen schwarzen Flecken; kleiner, auffällig geschuppter Kopf

Familie Bauer, Birkenweg 8, Tel. 1234XXX

b Überlege, warum der Steckbrief nur diese Angaben enthält.
Notiere eine Begründung.

Gliedmaßen: geschuppt /
Ernährung: Kräuter, z. B. Löwenzahn /
Verhalten: tagaktiv, scheu

c Stelle dir vor, ihr wollt Tier-Steckbriefe im Biologieraum aushängen. Erstelle einen Steckbrief zur Griechischen Landschildkröte. Nutze dafür die zusätzlichen Angaben in der Randspalte.

d Gestalte den Steckbrief als Aushang. Überlege dazu, wie groß er sein sollte, welches Papier sich eignet und wie du Fotos einbeziehen könntest.

●●● **e** Wähle eine Tier aus und gestalte einen weiteren Tier-Steckbrief für den Biologieraum.

2 Stelle dir vor, deine Freundin oder dein Freund plant, sich eine Schildkröte anzuschaffen, und du empfiehlst eine Griechische Landschildkröte.

a Entwirf eine E-Mail, in der du die Griechische Landschildkröte möglichst genau beschreibst.

Betreff: Infos zur Griechischen Landschildkröte

b Überarbeite den Entwurf und schreibe die Endfassung in dein Heft.

Tipp
Achte beim Überarbeiten besonders auf:
- die Anordnung der Merkmale,
- genaue Bezeichnungen,
- sinnvolle Satzverbindungen.

Gegenstände beschreiben

Beim **Beschreiben eines Gegenstandes** informiert man andere über etwas, was sie nicht kennen oder was sie nach den Angaben erkennen sollen. Welche Merkmale für die Beschreibung besonders wichtig sind, hängt davon ab, für wen und warum man den Gegenstand beschreibt.

Beim Beschreiben führt man allgemeine und besondere Merkmale eines Gegenstands an. Dabei benutzt man meist Fachbegriffe.
Allgemeine Merkmale sind Merkmale, die Gegenstände einer Art gemeinsam haben. Sie werden meist durch die exakte Benennung des Gegenstands ausgedrückt, z. B.: *Mein T-Shirt ist ein Sportshirt.*
Besondere Merkmale treffen nur auf einzelne Gegenstände zu (Größe, Form, Material, Farbe), die dadurch von anderen unterscheidbar werden, z. B.: *Mein Sportshirt hat am Ärmel einen Aufnäher.*

1 Finn hat beim Training sein Sportshirt verloren. Er wendet sich an seinen Trainer. Dieser fordert Finn auf, eine Beschreibung anzufertigen.

a Finn macht sich zunächst stichpunktartig Notizen.
Ergänze die Notizen mithilfe der Wortliste.

Wortliste
Aufdruck vorn / Sportkids / dunkelblau / kurzärmlig / Baumwolle / 158

Mein Sportshirt
Marke: unbekannt
Farbe:
Größe:
Schnittform: runder Halsausschnitt,
Besonderheiten:
Name „Finn“ auf Rückenteil
Material:

b Finn hat mithilfe seines Notizzettels eine Beschreibung seines Sportshirts verfasst. Lies die Beschreibung durch.

Beschreibung meines Sportshirts

Mein Sportshirt ist aus Baumwolle. Es ist kurzärmlig und hat einen runden Halsausschnitt. Es ist ein Kindershirt in der Größe 158.

c Überprüfe, ob Finns Beschreibung vollständig ist.
Vergleiche seine Beschreibung mit deinem Notizzettel in Aufgabe a.
Ergänze die fehlenden Angaben in Satzform.

Tipp
Sieh dir dazu die Abbildung an.

2 In Olegs Klasse sollen Sportarten und dafür typische Sportgeräte vorgestellt werden. Er will sein Skateboard beschreiben und hat dafür bereits Notizen angefertigt.

a Vervollständige diese Notizen für die Beschreibung.

Mein Skateboard

Marke: unbekannt

Form:

Länge: 80 cm *Breite: 20 cm*

Rollen:

Farben/Muster:

Besonderheiten:

Material:

b Entwirf Olegs Beschreibung des Skateboards mithilfe der Notizen.

Tipp
Achte beim Überarbeiten besonders auf:
die Anordnung der Merkmale,
genaue Bezeichnungen,
sinnvolle Satzverbindungen.

c Überarbeite deinen Entwurf und schreibe die Endfassung in dein Heft.

●●● **3** Verfasse eine Gegenstandsbeschreibung zu einem Sportgerät deiner Wahl in deinem Heft.

2a Verwende die folgenden Notizen.
oval / schwarz, gelb, rot / Flammenmuster / gelb mit schwarzem Kugellager / Aufkleber / 80 cm / 20 cm

Wege beschreiben

Bei einer **Wegbeschreibung** muss man klare Angaben zu Straßennamen, Richtungen und Entfernungen in der richtigen Reihenfolge geben. Besonderheiten an der Strecke, zum Beispiel auffällige Gebäude, dienen als Orientierungspunkte. Man formuliert Sätze mit *du* oder kurze Aufforderungssätze, z. B.: *Du gehst vom Marktplatz aus nach links und überquerst die Hauptstraße. Biege an der Schule rechts ab. Nach ca. 100 Metern siehst du das Kino.*

1 Maria hat ihre neue Freundin Lilly zu sich zum Geburtstag eingeladen. Da Lilly den Weg zu Maria in die Lindenstraße nicht kennt, fertigt Maria einen Notizzettel und eine Skizze an. Vergleiche den Notizzettel mit der Skizze. Ergänze die fehlenden Angaben auf dem Notizzettel.

Start: Lillys Wohnhaus Brunnengasse – Richtung: Marktplatz – Orientierungspunkte, Entfernungen: nach 200 Metern Denkmal auf der linken Seite – nach Denkmal links abbiegen auf Rosenstraße – Rosenstraße entlang bis zur Ampel – an der Ampel rechts abbiegen auf Hauptstraße – etwa 300 Meter bis zum Marktplatz – am Rathaus rechts abbiegen auf Lindenstraße – drittes Haus auf der Lindenstraße

Tipp
Achte besonders auf die richtige Reihenfolge, die Orientierungspunkte und die Satzverbindungen.

2 Svenja, eine andere Freundin aus dem Sportverein, ist neu in der Stadt und wohnt über dem Blumengeschäft. Ihr will Maria in einer E-Mail den Weg genau beschreiben. Schreibe Marias Mail an Svenja.

Betreff: Besuch

2 Folgende Wörter kannst du verwenden.
zuerst / danach / sobald / dort / neben / am / an / vor / hinter / gegenüber / auf der linken Seite / nach ca. … Metern /
entlanggehen – du gehst … entlang / vorbeigehen – du gehst vorbei / abbiegen – du biegst ab / ankommen – du kommst … an / überqueren – du überquerst

Berichten

Ein **Bericht** soll möglichst knapp, sachlich und in der richtigen Reihenfolge über ein Ereignis informieren. Die Auswahl der Informationen hängt vom Zweck, vom Anlass und vom Empfänger ab.
In den meisten Berichten werden folgende ***W*-Fragen** beantwortet:

- **Was** geschah?
- **Wann** geschah es?
- **Wo** geschah es?
- **Wer** war beteiligt?
- **Warum** geschah es?
- **Welche** Folgen ergaben sich?

Schriftliche Berichte über vergangene Ereignisse werden meist im **Präteritum** verfasst, z. B.: *Wir trafen uns an der Schule.*
Für Ereignisse, die vor einer Handlung passiert sind, wird das **Plusquamperfekt** gewählt, z. B.: *Wir hatten uns gut vorbereitet.*
Für allgemeingültige Aussagen verwendet man das **Präsens**, z. B.: *Das Museum öffnet täglich um 9.00 Uhr.*

1 Paul war mit seiner Klasse in einem Schulmuseum. Er soll für die Homepage seiner Schule einen Bericht verfassen. Schreibe den Bericht.

a Überlege zuerst, warum und für wen dieser Bericht geschrieben werden soll. Beantworte die folgenden Fragen.

Warum, zu welchem Zweck soll berichtet werden?

____

____

Für wen soll berichtet werden? Wer könnten die Leserinnen/Leser sein?

____

b Zum Inhalt des Berichts hat Paul sich bereits Notizen gemacht. Lies die Notizen und prüfe mithilfe der *W*-Fragen, ob alles Wichtige enthalten ist.

Besuch des Schulmuseums

Wer:	*Klasse 5 b, Herr Beier (Klassenleiter), Frau Sommer (Museumsmitarbeiterin)*
Wann:	*16. September, von 9.00 bis 11.00 Uhr im Schulmuseum*
Treffpunkt:	*8.00 Uhr, Schule*
Zweck/Anlass:	*erleben, wie früher gelernt wurde*
Ablauf:	*Fahrt mit der Straßenbahn; Ankunft im Schulmuseum*
	Führung Frau Sommer:
	Schulbänke und Unterrichtsmaterial von früher
	Unterrichtsstunde um 1900 (Frau Sommer): Mädchen bekamen weiße Latzschürzen, Jungen blaue Matrosenhemden
	Rückfahrt zur Schule

●●● **c** Überlege, ob du etwas ergänzen würdest, um das Interesse der Leserinnen/Leser zu wecken.
Notiere deine Ideen in Stichpunkten in deinem Heft.

d Formuliere eine Überschrift, die neugierig macht.

____

Tipp
Beachte, welchen Zweck der Bericht erfüllen soll.

e Überlege, wie der Bericht enden könnte. Schreibe einen Schlusssatz auf.

____

____

Tipp
Nutze Wörter aus der **Wortliste**.

Wortliste
zunächst / zuerst / danach / dann / anschließend / später / zum Schluss

f Schreibe jetzt mithilfe von Pauls Notizen einen Entwurf des Berichts in dein Heft. Lass einen breiten Rand für spätere Überarbeitungen.

g Überarbeite deinen Bericht inhaltlich und sprachlich. Nutze die Checkliste.

Checkliste zum Überarbeiten deines Textentwurfs	
Sind alle wichtigen *W*-Fragen beantwortet?	☐
Ist die richtige Reihenfolge eingehalten?	☐
Sind die Satzanfänge abwechslungsreich gestaltet?	☐
Wurden die Zeitformen richtig verwendet (Präteritum, Plusquamperfekt, Präsens)?	☐
Ist alles genau bezeichnet (z. B. Namen, Gegenstände, Orte)?	☐
Ist die Überschrift passend?	☐
Passt der Schluss zum Zweck des Berichts?	☐
Ist die Rechtschreibung korrekt?	☐

2 Die Klasse 5 c war auf Erkundungstour im Wald. Lisa soll für die Schulzeitung darüber berichten und hat sich bereits Notizen gemacht.
Schreibe diesen Bericht mithilfe von Lisas Notizen.

- *17.06., 9.00 bis 12.00 Uhr*
- *Kl. 5 c, Frau John (Lehrerin), Herr Schulze (Förster)*
- *Treffpunkt: Schule, Schutzhütte am Wald*
- *Ablauf: Hinweg, Erklärung der Baumarten (Kiefer, Fichte, Tanne, Eiche, Buche, Ahorn, Birke, Lärche), Erklärung Aufbau einer Schutzhütte, Einteilung in Gruppen: Bau von Schutzhütten, Wanderung zum Waldspielplatz, Verabschiedung an Schutzhütte, Rückweg*
- *Zusammenfassung: interessant, viel gelernt, frische Luft, Spiel und Spaß*

1 g So kannst du die Zeitformen richtig einfügen.
Nachdem sie uns *begrüßt hatte* (Plusquamperfekt), *begann* (Präteritum) *die Führung.*
Wir gingen hinein (Präteritum), *sobald alle* *ausgezogen waren* (Plusquamperfekt).
Führungen *finden* (Präsens) *täglich um 10.00 Uhr* *statt.*
Das Schulumuseum *bietet* (Präsens) *interessante Führungen für Schulklassen an.*

Bildgeschichten und Comics lesen und verstehen

Bildgeschichten erschließen

Bildgeschichten stellen in mehreren Bildern (mit oder ohne Text) ein Geschehen dar. Jedes Bild ist ein Erzählschritt. Man muss die Bilder genau betrachten und deuten, um die Geschichte zu erschließen. Man sollte sich zum Beispiel fragen:
Welche Figuren treten auf? Wo und wann spielt die Handlung?
Welche Besonderheiten zeigen die Bilder?
Welche Absichten könnten die Figuren haben?
Was könnten sie empfinden und denken?

1 In den folgenden Bildern wird eine Geschichte erzählt.

a Sieh dir die Bildgeschichte an.

b Schreibe deine ersten Eindrücke auf.

____

____

c Schreibe einen passenden Titel auf.

____

d Formuliere zu jedem Bild eine passende Überschrift.

1. Bild: ______

2. Bild: ______

3. Bild: ______

4. Bild: ______

5. Bild: ______

6. Bild: ______

e Sieh dir den Jungen auf den Bildern genauer an.
Überlege, wie er sich fühlen könnte. Suche dafür passende Bezeichnungen.

1. Bild: angespannt, ungeduldig

2. Bild: ______

3. Bild: ______

4. Bild: ______

5. Bild: ______

6. Bild: ______

f Schreibe auf, was der Junge zu Beginn und am Ende der Geschichte denken könnte.

Anfang: ______

______

______

______

Ende: ______

______

______

______

→ **S. 7 ff.:** Aus anderen Perspektiven erzählen

g Erzähle die Geschichte aus der Sicht des Jungen.
Berücksichtige dabei, was der Junge denkt, fühlt und spricht.

1 e Ordne die folgenden Beschreibungen den Bildern zu.
traurig, enttäuscht / fröhlich, begeistert / überrascht, erschrocken / glücklich, zufrieden / neugierig

Comics erschließen

Auch **Comics** (engl. *comic strips* – komische Streifen) erzählen in Bildern (**Panels**) eine Geschichte. Darüber hinaus enthalten sie weitere typische **Merkmale**, wie: **Sprech- und Gedankenblasen** (**Balloons**, z. B.: *Ooooh! Du hier?*), **Symbole** (z. B.: Herz für *Liebe*), **Geräuschwörter** (**Onpos**, z. B.: *rums, klick*) oder **Bewegungslinien** (**Speedlines**, zur Verdeutlichung von Schnelligkeit).

1 Der Zeichner Thomas Körner (Tom) veröffentlicht in einer Tageszeitung täglich einen Comic, der aus drei Bildern besteht.

a Sieh dir den Comic an.

b Notiere kurz, worum es geht.

____

2 Sieh dir die Bilder genauer an. Überlege, wie sich der Lehrer und der Schüler jeweils fühlen. Schreibe dafür passende Bezeichnungen auf.

(1) Schüler: ____

(1) Lehrer: ____

(2) Schüler: ____

(2) Lehrer: ____

(3) Schüler: ____

(3) Lehrer: ____

3 Formuliere eine passende Überschrift für den Comic.

____

4 Setze den Comic um ein weiteres Bild fort. Berücksichtige dabei möglichst viele Merkmale, zum Beispiel Symbole oder Geräuschwörter.

Fabeln lesen und verstehen

Die **Fabel** (lat. *fabula:* Erzählung) ist ein kurzer erzählender oder gereimter Text. Zu ihren **Merkmalen** zählen:

- Tiere denken, handeln und sprechen wie Menschen,
- den Tieren sind bestimmte menschliche Eigenschaften zugeordnet, z. B.: *starker Wolf, schlauer Uhu, dummes Schaf, gutmütiges Lamm.*
- Fabeln enthalten eine Lehre (zentrale Aussage), die aus dem Text erschlossen werden kann oder am Anfang oder am Schluss genannt wird, z. B.: *Moral: Gleich und gleich gesellt sich gern.*

1 Die Fabeln von Äsop gehören zu den ältesten und bekanntesten Fabeln.

a Lies die Fabel.

Äsop

Die Stadt- und die Landmaus

Eine Landmaus hatte ihre Freundin, eine Stadtmaus, zu sich eingeladen und empfing sie in ihrer sehr bescheidenen Wohnung aufs Freundlichste.
Um ihren Mangel die sehr verwöhnte Städterin nicht merken zu lassen, hatte sie alles, was das Landleben Gutes bot, herbeigeschafft und aufgetischt. Da waren frische Erbsen, getrocknete Traubenkerne, Hafer und auch ein Stückchen Speck, wovon die Landmaus nur bei außergewöhnlichen Gelegenheiten aß.
Mit großer Genugtuung überschaute sie ihre Tafel und unterließ nicht, ihrer Freundin unablässig zuzusprechen.
Aber die Stadtmaus, durch die vielen gewohnten Leckereien verwöhnt, beroch und benagte die Speisen nur sehr wenig und stellte sich der Höflichkeit halber so, als wenn es ihr schmecke, konnte aber doch nicht umhin, die Gastgeberin merken zu lassen, dass alles sehr wenig nach ihrem Geschmack gewesen sei. „Du bist eine recht große Törin[1]", sprach sie zu ihr, „dass du hier so kümmerlich[2] dein Leben fristest[3], während du es in der Stadt so glänzend führen könntest wie ich. Gehe mit mir in die Stadt unter Menschen, dort hast du Vergnügen und Überfluss." Die Landmaus war bald entschlossen und machte sich zum Mitgehen bereit.
Schnell hatten sie die Stadt erreicht und die Städterin führte sie nun in einen Palast, in welchem sie sich hauptsächlich aufzuhalten pflegte; sie gingen in den Speisesaal, wo sie noch die Überbleibsel eines herrlichen Abendschmauses vorfanden.
Die Stadtmaus führte ihre Freundin nun zu einem prachtvollen, mit Damast[4] überzogenen Sessel, bat sie, Platz zu nehmen, und legte ihr von den leckeren Speisen vor. Lange nötigen ließ sich die Landmaus nicht, sondern verschlang mit Heißhunger die ihr dargereichten Leckerbissen.
Ganz entzückt war sie davon und wollte eben in Lobsprüche ausbrechen, als sich plötzlich die Flügeltüren öffneten und eine Schar Diener hereinstürzte, um die Reste des Mahles zu verzehren.
Bestürzt und zitternd flohen beide Freundinnen, und die Landmaus, unbekannt in dem großen Hause, rettete sich noch mit Mühe in eine Ecke der Stube.
Kaum hatte sich die Dienerschaft entfernt, als sie auch schon wieder hervorkroch und noch vor Schrecken zitternd zu ihrer Freundin sprach:

1 *veraltet für* Närrin, Dummerchen

2 *veraltet für* ärmlich

3 *veraltet für* verbringst, führst

4 *Damast:* wertvoller Stoff

„Lebe wohl! Einmal und nie wieder! Lieber will ich meine ärmliche Nahrung in Frieden genießen, als hier bei den ausgesuchtesten Speisen schwelgen[5] und stets für mein Leben fürchten müssen."
Genügsamkeit und Zufriedenheit machen glücklicher als Reichtum und Überfluss unter großen Sorgen.*

[5] *veraltet für* genießen

b Woran erkennst du sofort, dass es sich um eine Fabel handelt?
Notiere deine ersten Gedanken dazu.

c Lies die Fabel noch einmal und überprüfe genauer, welche Fabelmerkmale enthalten sind. Setze im Merkkasten auf Seite 22 ein Häkchen hinter jedes gefundene Merkmal.

2 Untersuche die Handlung der Fabel genauer.

a Lies die Fabel noch einmal und ordne die folgenden Handlungsschritte in der richtigen Reihenfolge. Trage die entsprechenden Ziffern in die Kästchen ein.

☐ Die beiden Mäuse müssen aus dem Speisesaal fliehen.

☐ Die Stadtmaus überredet die Landmaus, mit in die Stadt zu kommen.

☐ Die Landmaus genießt die Leckerbissen im Palast.

☐ Die verwöhnte Stadtmaus mag die Speisen auf dem Lande nicht besonders.

☐ Eine Landmaus lädt eine Stadtmaus zu sich zum Essen ein.

☐ Die Landmaus kehrt in ihre Wohnung auf dem Land zurück.

b Lies die Lehre der Fabel noch einmal.

c Formuliere die Lehre mit eigenen Worten.

→ **S. 29:** Märchen nacherzählen

●●● **3** Bereite die Fabel zum Nacherzählen vor. Wiederhole, was man dabei beachten sollte, und notiere Stichpunkte in deinem Heft. Trage deine Nacherzählung später in der Klasse vor.

2b Du kannst z. B. so beginnen.
Man ist glücklicher, wenn … / Es ist besser, wenn … / Statt nach …

Tipp
Lies noch einmal im Text nach, was man darüber erfährt.

4 Untersuche die Tierfiguren der Fabel von Aufgabe 1 genauer.

a Trage die beiden Tiernamen in die Tabelle ein.
Beschreibe in der rechten Spalte, wie du dir ihre jeweiligen Lebens- und Wohnverhältnisse vorstellst.

Tiername	Lebens-/Wohnverhältnisse

b Wie verhalten sich die beiden Mäuse?
Finde heraus, was dazu im Text steht, und beantworte die Fragen.

Wie verhält sich die Landmaus gegenüber ihrem Gast, der Stadtmaus?

Wie verhält sich die Stadtmaus bei ihrem Besuch der Landmaus?

c In den Zeilen 8–9 heißt es: „sie […] unterließ nicht, ihrer Freundin unablässig zuzusprechen." Notiere, was die Landmaus beim Essen zur Stadtmaus unablässig gesagt haben könnte.

d Markiere jetzt mit verschiedenen Farben, was die beiden Mäuse jeweils zueinander sagen.

e Überlege, warum die beiden Mäuse sich so äußern. Ergänze folgende Sätze.

Die Stadtmaus sagt das, weil sie

Die Landmaus sagt das, weil sie

f Überlege, ob man den beiden Tieren aus der Fabel bestimmte Eigenschaften zuordnen kann. Suche Adjektive, die die Tiere deiner Meinung nach treffend beschreiben.

Landmaus:

Stadtmaus:

●●● **5** Übertrage die in der Fabel beschriebene Situation auf die Menschen. Überlege, ob du schon ähnliche Situationen erlebt hast. Erzähle davon.

4c unablässig = immerzu, oft wiederholend, andauernd
4d Achte auf die Kennzeichnung der wörtlichen Rede.

Märchen lesen und verstehen

Märchen lesen – Märchen erschließen

Märchen sind kurze Erzählungen, die von Wunderbarem und Wundersamem in einer Fantasiewelt berichten. Märchen wurden mündlich überliefert, dadurch entstanden oft Varianten.

Märchen haben oft folgende **Merkmale**:

- Sie beginnen und enden gleich oder ähnlich, z. B.: *Es war einmal ...*, *... und wenn sie nicht gestorben sind, so leben sie noch heute,*
- Ort und Zeit der Handlung werden nicht genau angegeben,
- Tiere sprechen und handeln wie Menschen,
- eine Heldin / ein Held steht im Mittelpunkt und muss schwierige Aufgaben meistern,
- meist siegt das Gute über das Böse,
- Gegensatzpaare werden deutlich, z. B.: *gut – böse, arm – reich,*
- magische Zahlen werden verwendet, z. B.: *drei Schwestern, sieben Zwerge,*
- Zauberei und Fantasiewesen treten auf, z. B.: *Hexen, Feen,*
- Sprüche wiederholen sich häufig, z. B.: *Spieglein, Spieglein an der Wand, wer ist die Schönste im ganzen Land?.*

1 Die Brüder Jacob und Wilhelm Grimm sammelten und veröffentlichten zu Beginn des 19. Jahrhunderts zahlreiche Märchen.

a Lies das Märchen.

Brüder Grimm

Die Wassernixe

Ein Brüderchen und ein Schwesterchen spielten an einem Brunnen, und wie sie so spielten, plumpsten sie beide hinein. Da war unten eine Wassernixe, die sprach: „Jetzt habe ich euch, jetzt sollt ihr mir brav arbeiten", und führte sie mit sich fort. Dem Mädchen gab sie verwirrten, garstigen Flachs[1] zu spinnen, und es musste Wasser in ein hohles Fass schleppen, der Junge aber sollte einen Baum mit einer stumpfen Axt hauen; und nichts zu essen bekamen sie als steinharte Klöße. Da wurden zuletzt die Kinder so ungeduldig, dass sie warteten, bis eines Sonntags die Nixe in der Kirche war, da entflohen sie. Und als die Kirche vorbei war, sah die Nixe, dass die Vögel ausgeflogen waren, und setzte ihnen mit großen Sprüngen nach. Die Kinder erblickten sie aber von Weitem, und das Mädchen warf eine Bürste hinter sich, das gab einen großen Bürstenberg, mit tausend und tausend Stacheln, über den die Nixe mit großer Müh klettern musste; endlich aber kam sie doch hinüber. Wie das die Kinder sahen, warf der Knabe einen Kamm hinter sich, das gab einen großen Kammberg mit tausendmal tausend Zinken, aber die Nixe wusste sich daran festzuhalten und kam zuletzt doch drüber. Da warf das Mädchen einen Spiegel hinterwärts, welches einen Spiegelberg gab, der war so glatt, so glatt, dass sie unmöglich darüber konnte. Da dachte sie: „Ich will geschwind nach Haus gehen und meine Axt holen und den Spiegelberg entzweihauen." Bis sie aber wiederkam und das Glas aufgehauen hatte, waren die Kinder längst weit entflohen, und die Wassernixe musste sich wieder in ihren Brunnen trollen[2].

1 *veraltet für* Flachsfaser, Leinen (= ein Textilstoff)

2 *veraltet für* fortgehen, sich davonmachen

b Wie gefällt dir das Märchen? Notiere eine kurze Antwort mit Begründung.

2 Lies das Märchen noch einmal und untersuche es genauer.

a Ergänze die Tabelle. Trage Textbeispiele für die einzelnen Märchenmerkmale in die rechte Spalte ein.

Merkmale der Märchen	Beispiele aus dem Text
gleicher oder ähnlicher Beginn	
Gegensatzpaare	
magische Zahlen	
Fantasiewesen	
Verwandlung/ Zaubereien	
das Böse wird bestraft	

Tipp
Es gibt mehrere Lösungen, denn man kann sich die Nixe unterschiedlich vorstellen.

b Wie stellst du dir die Nixe vor?
Notiere Adjektive, mit denen du die Nixe beschreiben würdest.

c Einige Fragen werden in dem Märchen nicht geklärt.
Notiere deine Gedanken zu den Fragen.

– Warum könnten die Kinder in den Brunnen gefallen sein?

– Aus welchem Grund könnte die Nixe die Kinder festhalten?

d Was werden die Geschwister in ihrer Notlage wohl gedacht haben? Schreibe ihre Gedanken und Gefühle in die Denkblasen.

Schwesterchen

Brüderchen

e Überlege, woran man erkennt, dass die Figuren typische Märchenfiguren sind. Notiere einige typische Merkmale.

Tipp
Du kannst zeichnen oder Bilder und Materialien aufkleben.

3 Stelle dir vor, das Märchen soll als Theaterstück aufgeführt werden. Wähle eine Figur aus und gestalte für sie ein passendes Kostüm.

4 Wie stellst du dir das märchenhafte Reich der Wassernixe vor? Formuliere eine Beschreibung oder gestalte eine Zeichnung in deinem Heft.

Das Reich der Wassernixe ist anders als unsere Welt.

●●● **5** Überlege, warum dieses Märchen wohl erzählt und bis heute überliefert wurde. Notiere deine Gedanken dazu.

Märchen nacherzählen

Wenn man ein Märchen **nacherzählen** will, sollte man es mehrmals gründlich lesen oder hören und sich Stichpunkte zur Handlung notieren. Die Handlung wird in der gleichen Reihenfolge wie im Originaltext hauptsächlich mit eigenen Worten nacherzählt. Wörtliche Rede wird als solche wiedergegeben, z. B.: *Sie fragte verwundert: „Ei, Großmutter, was hast du für große Augen?"*

1 Auch Hans Christian Andersen ist ein bekannter Märchendichter.

a Lies das Märchen.

Hans-Christian Andersen

Die Prinzessin auf der Erbse

Es war einmal ein Prinz, der wollte eine Prinzessin heiraten, aber es sollte eine wirkliche Prinzessin sein. Nun reiste er die ganze Welt umher, um eine solche zu finden, aber überall stand etwas im Wege. Prinzessinnen waren schon genug da, aber ob es auch wirkliche Prinzessinnen waren, dahinter konnte er durchaus nicht kommen. Immer war etwas, das nicht stimmte.
So kam er denn wieder nach Hause und war ganz betrübt, denn er wollte so gern eine wirkliche Prinzessin haben.
Eines Abends entstand ein furchtbares Unwetter; es blitzte und donnerte, der Regen strömte hernieder, es war geradezu entsetzlich. Da klopfte es an das Stadttor, und der alte König ging hin, um zu öffnen.
Es war eine Prinzessin, die draußen vor demselben stand. Aber, mein Gott, wie sah sie von dem Regen und dem bösen Wetter aus! Das Wasser triefte ihr von den Haaren und Kleidern herunter und lief in die Schuhspitzen hinein und an den Hacken wieder heraus, und sie sagte, dass sie eine wirkliche Prinzessin wäre.
Nun, das wollen wir bald genug herausbekommen!, dachte die alte Königin sagte aber nichts, ging in das Schlafzimmer, nahm alle Betten ab und legte eine Erbse auf den Boden der Bettstelle. Darauf nahm sie zwanzig Matratzen und legte sie auf die Erbse und dann noch zwanzig Eiderdaunenbetten oben auf die Matratzen.
Da sollte die Prinzessin nun des Nachts liegen.
Am Morgen fragte man sie, wie sie geschlafen hätte.
„O, entsetzlich schlecht!", sagte die Prinzessin. „Ich habe fast die ganze Nacht kein Auge zutun können! Gott weiß, was da im Bette gewesen ist? Ich habe auf etwas Hartem gelegen, sodass ich am ganzen Körper braun und blau bin! Es ist wahrhaft entsetzlich!"
Daran konnte man sehen, dass sie eine wirkliche Prinzessin war, da sie durch die zwanzig Matratzen und die zwanzig Eiderdaunenbetten hindurch die Erbse gefühlt hatte. So feinfühlig konnte nur eine wirkliche Prinzessin sein!
Da nahm der Prinz sie zur Frau, denn nun wusste er, dass er eine wirkliche Prinzessin hatte, und die Erbse kam auf die Kunstkammer, wo sie noch zu sehen ist, wenn niemand sie genommen hat.
Seht, das ist eine wirkliche Geschichte.

b Lies den Schlusssatz noch einmal.
Was meinst du dazu: Wahr oder unwahr? Begründe kurz.

____

____

Den Inhalt einer Nacherzählung planen

2 Bereite das Märchen zum Nacherzählen vor.

a Lies das Märchen noch einmal und gliedere es in Erzählabschnitte.

1. Prinz bereiste die Welt, um wirkliche Prinzessin zu finden.

____

____

____

____

____

____

____

b Notiere in deinem Heft zu jedem Erzählabschnitt Stichpunkte zum Handlungsverlauf.

1. Ort: Reise in die Welt; Prinz möchte wirkliche Prinzessin heiraten, kein Erfolg; irgendetwas nicht richtig

Das Nacherzählen üben

Tipp
Lies das Märchen noch einmal und überlege, welche Verben und typischen Wörter du übernehmen könntest.

3 Erzähle das Märchen „Die Prinzessin auf der Erbse" nach.

a Schreibe einen Entwurf in dein Heft. Nutze dazu deine Stichpunkte.

b Überarbeite deine Nacherzählung. Prüfe dabei die folgenden Fragen.

- Habe ich in der richtigen Reihenfolge erzählt?
- Habe ich für Märchen typische Wörter und Wendungen genutzt?
- Habe ich Verben im Präteritum verwendet?
- Habe ich wörtliche Rede eingebaut und gekennzeichnet?

c Schreibe die Endfassung. Wenn du magst, gestalte sie märchenhaft.

●●● **4** Überlege, woran man eine wahre Prinzessin erkennt.
Schreibe eine Suchanzeige für den Prinzen in dein Heft.

Suche eine junge, hübsche Prinzessin, die ...

2a Bringe die folgenden Erzählabschnitte in die richtige Reihenfolge.
Königin prüfte die Prinzessin / Prinz heiratete die Prinzessin / Prinzessin bestand die Prüfung / Prinzessin gab vor, eine wirkliche Prinzessin zu sein / bei einem Unwetter klopfte eine Prinzessin an das Stadttor

Gedichte lesen und verstehen

Gedichte lesen – Gedichte erschließen

In **Gedichten** werden Gedanken und Gefühle über die Welt und das Leben in Form von besonders gestalteten **Versen** ausgedrückt. Gedichte können aus einer oder mehreren **Strophen** bestehen, die aus Versen gebildet werden. **Sprachliche Bilder** (z. B.: *ein Meer von Häusern*), anschauliche **Vergleiche** (*das Stroh glänzt wie Gold*) und **Personifizierungen** (*die Bäume träumen schon*) lassen ein Gedicht besonders eindrucksvoll, lebendig, interessant oder auch lustig wirken.
Am Ende einer Verszeile stehen häufig **Reimwörter** und ergeben ein **Reimschema**. Zu den Reimschemata[1] gehören:
Paarreim (a a b b), **Kreuzreim** (a b a b) und **umarmender Reim** (a b b a).

[1] Pluralform zu *das Reimschema* (Sg.): *die Reimschemata* (Pl.)

1 Untersuche die Wirkung und die Form des folgenden Gedichts.

a Lies das Gedicht.

Theodor Storm

März

	Reimschema
Und aus der Erde schauet nur	a
Alleine noch Schneeglöckchen;	______
So kalt, so kalt ist noch die Flur[1],	______
Es friert im weißen Röckchen.	______

[1] *veraltet für* Feld oder Landschaft

b Was geht dir beim Lesen des Gedichts durch den Kopf? Notiere in Stichpunkten, was du denkst und fühlst.

____

____

____

c Welche sprachlichen Bilder oder Personifizierungen entdeckst du im Gedicht? Schreibe zwei Beispiele auf.

____

____

Tipp
Lies noch einmal im Merkkasten nach.

d Untersuche jetzt das Reimschema. Ergänze dazu entsprechende Buchstaben für Reimwörter rechts neben dem Gedicht.

e Schreibe auf, welches Reimschema im Gedicht genutzt wird.

____

2 Die Verse des folgenden Gedichts sind etwas durcheinandergeraten. Bringe sie in eine sinnvolle Reihenfolge.

Tipp
Das Gedicht besteht aus vier Paarreimen.

a Markiere zuerst in jedem Vers das letzte Wort. Verbinde anschließend die sich reimenden Wortpaare wie im Beispiel.

Theodor Storm

In der Frühe

1 Goldstrahlen schießen übers Dach,
___ So kräht es nun von Ort zu Ort.
___ Ich höre nichts, ich horche lang.
___ Die Hähne krähn den Morgen wach;
___ Und in der Ferne stirbt der Klang –
___ Ihr wackern Hähne, krähet doch!
___ Nun einer hier, nun einer dort,
8 Sie schlafen immer, immer noch.

Tipp
Schreibe zuerst mit Bleistift, damit du Varianten ausprobieren kannst.

b Lies die Verse mehrfach und überlege, in welcher Reihenfolge sie stehen könnten. Nummeriere sie links davor.

c Prüfe deine Lösung, indem du die Verse in der gewählten Reihenfolge laut oder halblaut liest. Überlege, ob die Reihenfolge sinnvoll ist.

d Vergleiche deine Variante mit dem Originalgedicht im Lösungsheft. Schreibe es in gut lesbarer Handschrift in dein Heft.

3 Im Gedicht *In der Frühe* von Theodor Storm spricht jemand in *Ich*-Form.

a Wer könnte das *Ich* sein? Notiere deine Gedanken dazu.

____

____

____

____

____

b In welcher Stimmung könnte das *Ich* sein? Lies das Gedicht noch einmal und markiere zwei Verse, die deiner Meinung nach etwas über die Stimmung des *Ichs* verraten.

c In der ersten Strophe heißt es „Goldstrahlen schießen übers Dach". Gestalte ein farbiges Bild zum Gedicht. Überlege, mit welchen Farben du die morgendliche Stimmung wiedergeben könntest.

1b Setze die Nummerierung der Zeilen fort.
1 / 4 / 6 / …

Gedichte vortragen – Gedichte gestalten

Die **Grundstimmung von Gedichten** kann unterschiedlich sein, zum Beispiel lustig oder nachdenklich, feierlich oder traurig. Die Art und Weise eines **Gedichtvortrags** kann die Grundstimmung verdeutlichen.
Zur Vorbereitung des Vortrags kann man sich **Lesehilfen** eintragen, z. B.:

- Sinneinheiten (/), Pausen (//), Verbindungen ‿,
- Sprechmelodie: Stimme heben ↗, senken ↘,
- Tonfall/Lautstärke: *fröhlich, fragend, laut, leise,*
- Sprechtempo: *schnell, langsam.*

1 Bereite das folgende Gedicht für einen Lesevortrag vor.

a Lies das Gedicht.

Christian Morgenstern

Das Häuschen an der Bahn

Steht ein Häuschen an der Bahn,
hoch auf grünem Hügelplan.

Tag und Nacht, in schnellem Flug,
braust vorüber Zug um Zug.

Jedes Mal bei dem Gebraus
zittert leis das kleine Haus –:

„Wen verlässt, wen sucht auf
euer nimmermüder Lauf?"

„Oh nehmt mit, oh bestellt
Grüße an die weite Welt!"

Rauch, Gestampf, Geroll, Geschrill …
Alles wieder totenstill.

Tag und Nacht dröhnt das Gleis.
Einsam Häuschen zittert leis.

b Überlege, welche Grundstimmung im Vortrag zum Ausdruck kommen sollte. Notiere Adjektive, die die Stimmung deiner Meinung nach beschreiben.

Tipp
Achte auch auf die Satzzeichen.

c Lies das Gedicht jetzt mehrfach halblaut oder laut. Probiere dabei aus, welche Wörter du besonders betonen möchtest, und markiere diese.

d Trage weitere Lesehilfen ein. Nutze die Hinweise im Merkkasten.

e Übe den Lesevortrag erneut mithilfe deiner Vorbereitungen.

1 b Wähle aus folgenden Beschreibungen aus.
fröhlich / traurig / einsam / ruhig / laut / schnell / lebendig / träge / sehnsüchtig / hoffnungsvoll / hoffnungslos …

Sagen lesen und verstehen

Sagen lesen – Sagen erschließen

Sagen wurden ebenso wie Märchen von Generation zu Generation weitererzählt. Der Unterschied besteht darin, dass Sagen einen **wahren historischen Kern** enthalten. Sie sind eng mit Orten, Personen, geschichtlichen Ereignissen, landschaftlichen Besonderheiten, Gebäuden und Naturerscheinungen verbunden, z. B.: *Die Sage von der Rosstrappe, Elisabeth von Thüringen.*

1 Die folgende Ortssage kommt aus Thüringen.

a Lies die Sage.

Die Hölle bei Rückersdorf

Am Rothhügel bei Rückersdorf heißt ein Feld „die Hölle". Vor nicht langer Zeit hat noch Wald da gestanden und viele große Kieselsteine lagen zwischen den Bäumen. Die hatte alle der Teufel hierhergebracht. Er hat einmal bei Rußdorf, wo etwa eine halbe Stunde entfernt das nämliche Gestein ganze Felsen bildet, gestanden und seiner diesseits befindlichen Großmutter davon zugeworfen. Die Wette war, wer von ihnen am weitesten werfen könne, und der Teufel gewann. Geht man nach Rußdorf zu, so sieht man die Steine der Großmutter, die so weit nicht hatte werfen können, herumliegen.

b Überlege, warum die Menschen rund um Rückersdorf diese Sage von Generation zu Generation weitererzählen. Notiere deine Vermutungen.

Eine Sage untersuchen

2 Untersuche die Sage jetzt genauer.

a Lies die Sage noch einmal und markiere im Text alle Ortsangaben sowie die dazugehörigen Besonderheiten.

b Beantworte die folgenden Fragen.

Wo liegen die Steine des Teufels?

Wo liegen die Steine seiner Großmutter?

c Ergänze folgende Sätze zum Inhalt der Sage:

Der Teufel und seine Großmutter haben darum gewettet, wer ______________________

____.

Der Teufel stand bei ______________________,

seine Großmutter befand sich ______________________________.

Die Wette gewann ______________________.

Tipp
Die Gemeinden Rückersdorf und Rußdorf gibt es noch heute.

d Überlege, welchen wahren Kern die Sage hat und was erfunden wurde.
Ergänze die Tabelle.

wahrer Kern	Erfundenes

e Begründe, warum diese Sage zu den Ortssagen gehört.

Es ist eine Ortssage, ____

____

____

Die Sage erschließen

3 Erschließe die Sage aus der Sächsischen Schweiz auf Seite 36.

a Lies die Sage.

b Wie stellst du dir den Berggeist Rübezahl vor?
Beschreibe ihn stichpunktartig.

____

____

____

c Lies die Sage noch einmal und markiere im Text
die geografischen Bezeichnungen.

Rübezahl auf dem großen Zschirnstein

Nahe der Dörfer Schöna und Reinhardsdorf erhebt sich, 1 780 Fuß (rund 500 Meter) hoch, der große Zschirnstein, neben dem Schneeberg der höchste Punkt der westlichen Schweiz. Er soll eigentlich „Zürnstein" geheißen haben und der jetzige Name daraus verstümmelt worden sein. Seine frühere Benennung erhielt er davon, dass der Berggeist Rübezahl einst das Riesengebirge verließ, um das sächsische Sandsteingebirge zu besuchen. Als er jedoch hierherkam, übersah er es einfach und rannte mit dem Kopf unversehens an diesen Felsen, sodass derselbe in zwei Teile zersprang: in den großen und kleinen Zschirnstein. Rübezahl selbst tat dabei einen schweren Fall, wobei er den großen Zschirnstein auf der Nordseite niedertrat und zwei Zähne – einen Augen- und einen Backenzahn – verlor. Beide Zähne liegen noch bei Schöna: Ersterer ist der Zirkelstein und Letzterer der Kahlstein oder die Kaiserkrone. Und weil Rübezahl bei Schandau in einem Grunde rastete und hier seine Schmerzen zu stillen suchte, heißt dieser noch Zahngrund. Vom starken Blutverlust des Riesen zeugen ebenso bis auf den heutigen Tag die rötlichen Adern, welche das Gestein durchziehen.

Tipp
Die Antwort findest du in der Sage.

d Erläutere, wie es zum Namen „Zschirnstein" gekommen ist und warum er ursprünglich „Zürnstein" geheißen haben könnte.

____

____

e Notiere, was der wahre Kern dieser Sage ist.

____

____

f Überlege, was die erfundenen Elemente der Sage sind.
Schreibe dazu mindestens ein Beispiel aus dem Sagentext auf.

____

____

g Suche nach dem Zschirnstein im Internet.
Sieh dir weitere Fotos von diesem Ort an.

Sagen nacherzählen

Wenn man eine **Sage nacherzählen** will, muss man sie genau lesen oder gut zuhören. Zur **Vorbereitung** der Nacherzählung sollte man den Text in Abschnitte einteilen und sich Stichpunkte zum Ablauf der Handlung notieren. Dabei muss man auf die Handlungsorte, die zeitliche Reihenfolge und auf die handelnden Personen und ihre Gedanken und Gefühle achten.

Das Nacherzählen vorbereiten

Tipp
Erzähle das Geschehen anschaulich nach, zum Beispiel indem du die Gedanken und Gefühle Rübezahls einbeziehst.

1 Erzähle die Sage „Rübezahl auf dem großen Zschirnstein" nach.

a Lies die Sage noch einmal und notiere stichpunktartig, was Rübezahl im Elbsandsteingebirge laut der Sage erlebt haben soll.

Eine Nacherzählung schreiben und überarbeiten

b Erzähle mithilfe deiner Stichpunkte den Inhalt der Sage nach. Schreibe mithilfe deiner Stichpunkte einen Entwurf der Nacherzählung in dein Heft.

c Überarbeite den Entwurf. Prüfe, ob du anschaulich und in der richtigen Reihenfolge erzählt hast.

1a Beginne damit und ergänze.
– *besucht das sächsische Sandsteingebirge.*
– *übersieht es und verletzt sich …*
– …

Sachtexte lesen und verstehen

Sachtexte sind Texte, die über ein Thema informieren. Um bereits **vor dem Lesen** Vermutungen über den Textinhalt anstellen zu können, sucht man nach folgenden **Orientierungshilfen**:
- Verrät die Überschrift, worum es in dem Text geht?
- Gibt es Teilüberschriften, die Hinweise auf den Textinhalt geben?
- Sind Wörter hervorgehoben, die die Orientierung im Text erleichtern?
- Geben Fotografien oder Abbildungen Hinweise auf den Textinhalt?

Nicht immer ist der Inhalt eines Textes aus seiner Überschrift erkennbar. Dann musst du dir einen Überblick über den Textinhalt verschaffen, indem du ihn **mit den Augen überfliegst,** ohne jedes Wort zu lesen.

1 Lies zunächst die Überschrift des Textes von Aufgabe 2.
Welche Erwartungen an den Text hast du?

2 Nutze weitere Orientierungshilfen.

a Sieh dir folgenden Text an und überprüfe, welche Orientierungshilfen er außer der Überschrift noch enthält. Notiere diese.

b Sieh dir die Bilder und die hervorgehobenen Wörter an.
Ergänze deine Vermutungen, worüber der Text informieren könnte.

Süße Mäuschen oder kleine Plagegeister?

Hausmäuse gehören zu den **Nagetieren**. Sie kommen ursprünglich aus Indien. Sie haben sich weltweit ausgebreitet und fühlen sich auf einem Bauernhof ebenso wohl wie in einer Stadtwohnung. Sie verstecken sich gern in kleinen Hohlräumen, z. B. unter oder hinter einem Schrank.

Die **Körpergröße** einer Hausmaus beträgt etwa 8–11 Zentimeter. Das Mäuseschwänzchen ist fast genauso lang wie der Körper. Sie haben ein spitzes Schnäuzchen mit langen Barthaaren, dunkle Knopfaugen und relativ große

Ohren. Die Farbe des Fells ist meist grau oder bräunlich. Eine Hausmaus wiegt ungefähr 20 Gramm.

Hausmäuse sind zwar **Allesfresser**, aber sie mögen besonders gern pflanzliche Nahrung, z. B. Körner und Nüsse. Sie fressen aber auch Insekten.

Die kleinen **Plagegeister** sind meist nachtaktiv. Knabberspuren und Kötel[1] verraten, wo sie sich einquartiert haben. Hausmäuse sind bekannt dafür, dass sie alles anknabbern, egal ob Lebensmittel, Seife oder Stromkabel. Ihre scharfkantigen Nagezähne sind sehr hart und wachsen ständig weiter. Deshalb nagen Mäuse auch dann, wenn sie nicht hungrig sind, um ihre Zähne zu wetzen.

Die **Jungen** kommen blind und nackt auf die Welt. Sie sind nur etwa zwei bis drei Zentimeter groß und wiegen ungefähr ein Gramm. Innerhalb von drei Wochen wachsen sie zu kleinen Mäusen mit dichtem Fell heran. Die Mäusemutter erhält bei der Aufzucht Unterstützung von der weiblichen Mäuseverwandtschaft.

Die kleinen, flinken Nager sind aber durchaus auch als **Haustiere** beliebt, wie zum Beispiel die Farbmaus, die Rennmaus oder die weiße Maus, die von der Hausmaus abstammen. Sie können als Haustier in einem artgerechten Käfig gehalten werden.

1 kleine Kothäufchen

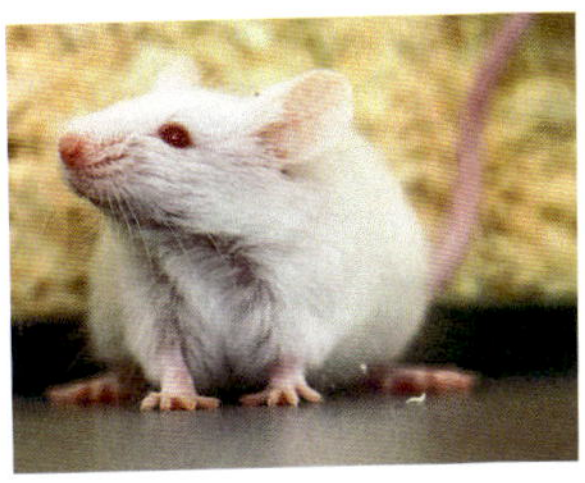

Den Text überfliegen

3 Überfliege den Text.

a Überprüfe, welche deiner Erwartungen der Text erfüllt. Markiere diese.

b Worüber informiert der Text? Kreuze die richtige Antwort an.

- ☐ Hausmäuse und Wildmäuse
- ☐ Haustiere und Wildtiere
- ☐ Hausmaus und Käfigmaus
- ☐ Mäuse und Plagegeister

Den Inhalt erfassen

4 Untersuche jetzt den Inhalt des Textes genauer.

a Lies den Text gründlich.

b Ordne die folgenden Teilüberschriften den entsprechenden Abschnitten zu.

Verhalten der Hausmäuse	Abschnitt 4
Ernährung der Hausmäuse	Abschnitt ____
Mäuse als Haustiere	Abschnitt ____
Verbreitung der Hausmäuse	Abschnitt ____
Nachwuchs bei den Hausmäusen	Abschnitt ____
Aussehen der Hausmäuse	Abschnitt ____

Wenn man **Antwort auf eine bestimmte Frage** sucht, sollte man vor dem überfliegenden Lesen eines Textes **Schlüsselwörter** notieren. Schlüsselwörter sind wichtige Wörter zu einer Frage oder zu einem Thema. Sie antworten meist auf *W*-Fragen. **Während des überfliegenden Lesens** kennzeichnet man die Stelle, die die Antwort enthält (zum Beispiel mit einem Textmarker).

Antworten auf Fragen suchen

5 Du suchst Antworten auf Fragen zum Text.

a Markiere in jedem Textabschnitt wichtige Schlüsselwörter, die dir bei der Beantwortung folgender Fragen helfen.

b Schreibe anhand der Markierungen Stichpunkte zur Beantwortung der Fragen heraus.

Wo leben die Hausmäuse?

Welche Körpermerkmale haben Hausmäuse?

Was fressen Hausmäuse?

Welche Verhaltensweisen sind bei Mäusen auffällig?

Wie kommen die Jungen auf die Welt?

Welche Mäusearten sind beliebte Haustiere?

Um einen **Sachtext** zu **verstehen**, ist es wichtig, seinen **Aufbau** zu **erfassen**. Das heißt, man muss herausfinden, welche **Gedanken** aneinandergereiht wurden. Oft beginnt ein neuer Gedanke mit einem neuen **Textabschnitt**. Die Inhalte der Abschnitte ergeben dann den Gedankengang. Den Inhalt der Abschnitte kann man gut erfassen, indem man **Teilüberschriften formuliert**.

6 Erfasse den Aufbau des folgenden Textes.

Den Text überfliegen

a Überfliege den Text und nenne das Thema, um das es geht.

____

____

Elefanten – die größten Landsäugetiere der Erde

1 Elefanten begegnet man in Europa nur im Zoo oder im Zirkus. Wer die riesigen Dickhäuter in der Wildnis erleben will, der muss nach Asien oder Afrika reisen. Dort ist es sogar möglich, auf einem Elefanten zu reiten. Man unterscheidet drei Arten: den Asiatischen Elefanten, den Afrikanischen Elefanten und den ebenfalls in Afrika lebenden Waldelefanten.

2 Elefanten sind äußerst schlau, feinfühlig und trotz ihres muskulösen Körperbaus sehr anmutig in ihren Bewegungen. Sie besitzen einen ausgeprägten Familiensinn. Die Elefantenkühe leben gemeinsam mit ihren Jungen in einer Herde, die von einer Leitkuh angeführt wird. Tierforscher haben beobachtet, dass sich die Elefanten gegenseitig beistehen, sich trösten oder auf Gefahren aufmerksam machen. Sie können sich mithilfe verschiedener Lautarten verständigen, z. B. trompeten, brüllen oder grollen.

3 Elefanten sind Pflanzenfresser. Täglich fressen sie etwa 200 Kilogramm, z. B. Blätter, Gras, Äste, und trinken bis zu 150 Liter Wasser. Das ist bei ihrer gewaltigen Körpergröße nicht verwunderlich. Sie können mehr als sechs Tonnen wiegen und bis zu vier Meter groß sein. Elefanten können bis zu 70 Jahre alt werden.

4 Die Elefanten fallen aber nicht nur wegen ihres mächtigen Körperbaus auf. Beeindruckend sind auch ihre langen Rüssel, ihre mächtigen Stoßzähne aus Elfenbein, ihre großen Ohren und ihre säulenartigen Beine. Übrigens bestehen die Fußsohlen aus einem dicken, federnden Polster, sodass die Elefanten recht sanft mit ihren Füßen auftreten können. Obwohl die Haut eines Elefanten bis zu vier Zentimeter dick sein kann, ist sie sehr empfindsam.

5 Elefanten haben kaum natürliche Feinde, dennoch gehören sie zu den vom Aussterben bedrohten Tierarten. Elefanten werden zum Beispiel wegen ihrer Stoßzähne von Wilderern gejagt und ihr natürlicher Lebensraum wird immer mehr eingeschränkt. Deshalb gibt es Naturschutzreservate, um die Elefanten vor dem Aussterben zu bewahren.

Antworten auf Fragen finden

b Lies den Text noch einmal abschnittweise und schreibe Stichpunkte zur Beantwortung der Fragen heraus.

1 Welche Arten von Elefanten gibt es?

____

2 Wie leben Elefanten?

____

3 Wovon ernähren sich die Elefanten?

____

____

4 Welche körperlichen Besonderheiten haben Elefanten?

____

____

5 Warum sind Elefanten vom Aussterben bedroht?

____

____

Teilüberschriften formulieren

c Notiere zu jedem Abschnitt eine Teilüberschrift.

Abschnitt 1: ______________________________

Abschnitt 2: ______________________________

Abschnitt 3: ______________________________

Abschnitt 4: ______________________________

Abschnitt 5: ______________________________

Das Textverständnis überprüfen

6 Kreuze an, ob die folgenden Behauptungen richtig oder falsch sind.

Behauptung	richtig	falsch
Elefanten leben in Asien und Afrika.	☐	☐
Es gibt vier verschiedene Arten von Elefanten.	☐	☐
Elefanten verständigen sich mithilfe verschiedener Laute.	☐	☐
Elefanten fressen täglich etwa 200 Kilogramm.	☐	☐
Elefanten haben eine dicke, unempfindliche Haut.	☐	☐
Elefanten haben viele natürliche Feinde.	☐	☐

Wortarten und Wortformen

Nomen/Substantive

Nomen/Substantive bezeichnen Lebewesen, Gegenstände, Orte, Zeitangaben, Ereignisse und Gefühle. Nomen schreibt man immer mit großem Anfangsbuchstaben. Nomen haben ein grammatisches **Geschlecht (Genus)**, das man am Artikel erkennt, z. B.:
der Hund (männlich), *die Leine* (weiblich), *das Stroh* (sächlich).

Nomen treten meist in einer bestimmten **Zahl** (Numerus), **Singular (Einzahl)** oder **Plural (Mehrzahl)**, auf, z. B.:
der Hund – die Hunde, der Fluss – die Flüsse, die Flasche – die Flaschen, die Fahrt – die Fahrten, das Lied – die Lieder, das Kino – die Kinos.

Nomen treten im Satz in einem bestimmten **Fall (Kasus)** auf, den man erfragen kann, z. B.:

Nominativ (1. Fall)	Wer? Was?	*der Ball*	*die Maus*	*das Auto*
Genitiv (2. Fall)	Wessen?	*des Balls*	*der Maus*	*des Autos*
Dativ (3. Fall)	Wem?	*dem Ball*	*der Maus*	*dem Auto*
Akkusativ (4. Fall)	Wen? Was?	*den Ball*	*die Maus*	*das Auto*

Artikel zeigen das Geschlecht des Nomens an. Man unterscheidet **bestimmte** *(der Nager, die Ratte, das Tier)* und **unbestimmte Artikel** *(ein Nager, eine Ratte, ein Tier)*. Artikel lassen sich deklinieren und passen sich dem Nomen in Geschlecht, Zahl und Fall an.

1 Nomen/Substantive gesucht!

Tipp
Eins der Nomen gibt es nur im Plural. Schlage bei Unsicherheit im Wörterbuch nach.

a Unterstreiche im folgenden Text die Nomen.

Peter ist ein großer Tierfreund. Deshalb wünscht er sich schon lange einen Hund. Als er seine Eltern kurz vor seinem Geburtstag heimlich belauschte, hörte er, dass sie ihn mit einem kleinen Dackel überraschen wollen. Um alles für seinen neuen Freund gut vorzubereiten, nimmt er Geld aus seiner Sparbüchse und kauft in der Zoohandlung eine Leine, ein Halsband und einen Fressnapf. Voller Freude wartet Peter nun auf seinen Geburtstag.

b Trage in die Tabelle je zwei Nomen ein und ergänze den Plural.

männlich	weiblich	sächlich
der / ein ______ *(Sg.)*	______	______
die ______ *(Pl.)*	______	______
______	______	______
______	______	______

2 In welchem Fall stehen die Nomen?

a Bestimme den Fall der unterstrichenen Nomen mithilfe der Frageprobe.

1 Der Hund beißt den Briefträger.

Wen oder was beißt der Hund? – Akkusativ (4. Fall)

2 Das Bild gefällt dem Besucher.

____

3 Ich höre den Kuckuck rufen.

____

4 Zu Ostern werden bunte Eier versteckt.

____

b Setze die in Klammern stehenden Wortgruppen richtig in die Sätze ein und bestimme den Fall.

1 Katrin hilft *der Schwester* __________.

(die Schwester) *– Dativ (3. Fall)*

2 In unserem Chor brauchen wir __________.

(ein Sänger) – __________

3 Hoffentlich kommt __________ nicht zu spät.

(das Taxi) – __________

4 Die Großmutter schenkt __________ einen neuen Ball.

(der Enkel) – __________

3 Entscheide im folgenden Text, ob der unbestimmte oder der bestimmte Artikel besser passt. Markiere ihn.

Peter kauft in **der/einer** Zoohandlung in seiner Nähe ein. Dort entscheidet er sich für **das/ein** Halsband, welches ihm am besten gefällt. Zum Transport **des/eines** Einkaufs benutzt er **den/einen** Rucksack. Zu Hause verstaut er **den/einen** Einkauf in **dem/einem** Schrank in seinem Zimmer. Nun freut er sich nur noch auf **den/einen** Geburtstag.

> **Nomen** können durch **Personalpronomen** ersetzt werden, um unnötige Wiederholungen zu vermeiden. Als **Stellvertreter** der Nomen erfüllen sie deren Aufgaben im Satz.
>
> | | | |
> |---|---|---|
> | männlich: | *Der Hund ist ein Dackel.* | *Er ist ein Dackel.* |
> | weiblich: | *Die Katzen gehören der Nachbarin.* | *Sie gehören ihr.* |
> | sächlich: | *Das Pferd ist verletzt.* | *Es ist verletzt.* |
>
> Nomen können von Possessivpronomen begleitet werden, z. B.: *mein Hund, deine Schildkröte, sein Kaninchen, unsere Katze, euer Wellensittich, ihr Hamster.* Possessivpronomen zeigen den Besitz an.

4 Ersetze die Nomen durch Personalpronomen.

a Ersetze die unterstrichenen Nomen und ihre Begleiter im nachfolgenden Satz durch Personalpronomen.

1 Ich besuche meine Schwester. *Sie* ______ wohnt in Erfurt.

2 Meine Eltern gehen oft ins Theater. Meist sehen ______ ein neues Stück.

3 Peter will nach Berlin fahren. Dafür nutzt ______ den ICE.

4 Ben und ich gehen gern schwimmen. Oft schwimmen ______ um die Wette.

5 Das neue Buch habe ich gelesen. ______ hat mir richtig gut gefallen.

●●● **b** Setze die unterstrichenen Personalpronomen im richtigen Fall ein.

1 Er geht oft ins Kino. *Ihn* ______ interessieren besonders Animationsfilme.

2 Sie sammelt Comics. ______ gehören mittlerweile 100 Stück.

3 Wir tanzen im Verein. ______ gefällt besonders der Walzer.

4 Du hast viele Freunde, weil sie ______ vertrauen können.

5 Am Abend liest er seinen Kindern vor. Sie hören ______ genau zu.

5 Setze das in Klammern stehende Possessivpronomen richtig ein.

1 Das Buch leihe ich gern ______________ Freund. (mein)

2 Die Tochter stört ______________ Mutter mit lauter Musik. (ihr)

3 Meine Eltern waren von ______________ Vorschlag begeistert. (sein)

4 Die Großeltern hören ______________ Enkeln aufmerksam zu. (ihre)

5 Die alten Autos gehören ______________ Nachbarn. (unsere)

6 Ich wusste nicht, dass das ______________ Tasche ist. (dein)

Nomen/Substantive und ihre Artikel

1 Schreibe die Nomen/Substantive mit den passenden Artikeln auf.

a Was siehst du auf den Bildern? Schreibe die Nomen mit den bestimmten und unbestimmten Artikeln auf. Ergänze die Pluralform.

der / ein Bleistift → die Bleistifte

b Setze die in Klammern stehenden Wortgruppen im angegebenen Fall in die Sätze ein.

1 Die Lehrerin dankt ______________________ für ihre Einsatzbereitschaft.
(die Klasse, Dativ)

2 Mein Vater lädt ______________________ zum Geburtstag ein.
(der Freund, Akkusativ)

3 Der Torwart beging ______________________.
(ein Fehler, Akkusativ)

4 Die Briefmarken gehören ______________________.
(ein Sammler, Dativ)

Verben

Verben bezeichnen **Tätigkeiten, Vorgänge** und **Zustände**. Verben haben eine **Grundform**, den **Infinitiv**, und können **konjugiert** (gebeugt) werden, d. h., sie bilden finite Verbformen, z. B.:

Infinitiv:	*füttern*	*sammeln*
finite Verbform (Wortstamm + Personalendung):	*ich füttere*	*ich sammele*

Tipp
Manche Verben werden durch die Beugung getrennt, z. B.: *abschreiben – ich schreibe ab.*

1 Verben gesucht!

a Unterstreiche alle Verben im Text.

Ein Fußballturnier

Jedes Jahr findet an unserer Schule ein Fußballturnier statt. Daran nehmen alle Schulen unserer Stadt teil. Unsere Schulauswahl will diesmal gewinnen. Nun steht sie im Endspiel gegen unseren stärksten Gegner. Werden wir es dieses Jahr schaffen? Die Spannung ist zum Greifen. Noch steht es unentschieden. Und das Spiel dauert nur noch fünf Minuten. Aber unser Mannschaftskapitän Thomas spielt bereits den Ball Richtung gegnerisches Tor. Seine Mannschaft verschafft ihm den nötigen Freiraum. Und so gelingt Thomas das Unfassbare. Wir besiegen die stärkste Schulmannschaft und gewinnen zum ersten Mal das Fußballturnier. Vielleicht liegt es am Heimvorteil.

b Unterstreiche in folgenden Sätzen die finiten Verbformen mit den dazugehörigen Nomen oder Personalpronomen. Bestimme jeweils Person und Zahl.

1 Andrea telefoniert oft stundenlang am Nachmittag mit ihrer Freundin.

3. Person Singular

2 In den Weihnachtsferien fährt meine Familie nach Österreich.

3 Morgen trifft Julius seinen Vater am Bahnhof.

4 Zum erfolgreichen Lernen suchst du dir besser einen Lernpartner.

5 Meine Freunde und ich treffen uns oft auf dem Bolzplatz.

6 Warum hört ihr nicht auf den Lehrer?

c Trage die in Klammern stehenden Verben im Präsens richtig in die Lücken ein. Achte auf die Personalendung.

1 Katrin ______________ morgen in den Urlaub. (fahren)

2 Meine Freunde __________________ regelmäßig zum Training. (gehen)

3 Keiner ____________________ das Schulgelände! (verlassen)

4 Täglich __________________ meine Tante die Nachrichten. (schauen)

5 Ich ___________________ mir zum Geburtstag ein neues Fahrrad. (wünschen)

6 Jeden Dienstag ___________________ meine Mutter meine Oma. (besuchen)

7 Du __________________ im Schulchor. (singen)

8 Leider ____________________ Tom oft seine Hausaufgaben. (vergessen)

9 Ganz bestimmt ____________________ du dein Ziel. (erreichen)

10 Regelmäßiges Üben ____________________ beim Schreibenlernen. (helfen)

Wortliste
abfahren /
nachschlagen /
zuhören /
mitschreiben /
weglaufen /
nachfragen /
aufpassen /
annehmen

d Manche zusammengesetzten Verben werden durch die Beugung getrennt. Bilde mit den Verben aus der Wortliste kurze Sätze.

abfahren: Der Zug fährt pünktlich ab.

Verben bilden **Zeitformen** (Tempusformen). Präsens und Präteritum sind **einfache Zeitformen**. Sie bestehen nur aus der finiten Verbform.
Perfekt, Plusquamperfekt und Futur sind **zusammengesetzte** Zeitformen. Sie bestehen aus mindestens zwei Verbformen, z. B.:

Präsens	**Perfekt**
ich renne *er schießt*	*Ich bin über den Platz gerannt.* *Er hat ein Tor geschossen.* (Präsens von *haben* oder *sein* + Partizip II)
Präteritum	**Plusquamperfekt**
ich rannte *er schoss*	*Ich war über den Platz gerannt.* *Er hatte ein Tor geschossen.* (Präteritum von *haben* oder *sein* + Partizip II)
	Futur
	Ich werde über den Platz rennen. *Er wird ein Tor schießen.* (Präsens von *werden* + Infinitiv)

1 Bestimme die Zeitformen der Verben.

a In welcher Zeitform steht der Text in Aufgabe 1 a auf der Seite 47?

____

b Stelle dir vor, du hast gestern das Fußballturnier (S. 47, Aufgabe 1 a) gesehen und du berichtest davon für die Zeitung. Schreibe vier Sätze auf.

Gestern fand das Fußballturnier der Schulen unserer Stadt statt. (Präteritum)

____

____

____

____

c Unterstreiche die Verben in deinen Sätzen und bestimme die Zeitform nach dem Muster in Aufgabe b.

d Unterstreiche in folgenden Sätzen die Verben und bestimme die Zeitform.

1 Claudia hat heute eine neue CD gekauft. *– Perfekt*

2 Sie ist ein großer Fan von klassischer Musik. – ____________

3 Ihre Begeisterung begann im Alter von fünf Jahren. – ____________

4 Diese Musik wird Claudia immer lieben. – ____________

Die Zeitform **Plusquamperfekt** bezeichnet Vorgänge oder Zustände, die schon in der Vergangenheit abgeschlossen sind. Sie sind vor dem passiert, wovon im Präteritum oder im Perfekt erzählt wird. Deshalb wird das Plusquamperfekt auch Vor-Vergangenheit genannt, z. B.:

Nachdem er ein Tor geschossen hatte, rannte er jubelnd über den Platz.
Plusquamperfekt Präteritum

Nachdem sie umgezogen war, lief sie sofort auf den Platz.
Plusquamperfekt Präteritum

2 Ergänze die Formen im Plusquamperfekt.

Perfekt	Plusquamperfekt
ich habe gelesen	______
du hast gegessen	______
er ist gegangen	______
wir sind gesprungen	______
ihr habt bezahlt	______
sie sind abgereist	______

●●● 3 Bilde die Zeitformen Präteritum oder Plusquamperfekt.
Achte darauf, welche Handlung zuerst passiert.

1 Es ______ (regnen), nachdem meine Mutter die Fenster ______ (putzen).

2 Keiner ______ (wissen) von der Leistungskontrolle, obwohl der Lehrer diese ______ (ankündigen).

3 Seitdem sich Peter sein Bein ______ (brechen), ______ (hinken) er beim Laufen.

4 Nachdem Maja ______ (aufessen), ______ sie ihre Hausaufgaben (machen).

4 Bilde Zeitformen von Verben.

a Ergänze in der Tabelle die fehlenden Zeitformen der angegebenen Verben.

Zeitform/Verb	schreiben (ich)	hören (er)	rennen (wir)
Präsens			
Präteritum	*ich schrieb*		
Perfekt			
Plusquamperfekt		*er hatte gehört*	
Futur I			*wir werden rennen*

b Setze die Verben in der geforderten Zeitform in die Sätze ein.

1 Gestern ______________ ich das zu lernende Gedicht ______________________. (wiederholen, Perfekt)

2 Keiner ______________ zu spät zu meiner Übernachtungsparty ______________________. (kommen, Futur)

3 Regelmäßig ______________ mein Vater die Zeitung. (lesen, Präsens)

4 Finja ______________ gestern vom Pferd. (fallen, Präteritum)

5 Vor ihrer Ankunft in Jena ______________ meine Eltern Silvester in Erfurt ______________________. (feiern, Plusquamperfekt)

c Bilde mit den folgenden Verben in der geforderten Zeitform je einen sinnvollen Satz.

1 verlaufen – Präteritum *Ich verlief mich in der großen Stadt.*

2 singen – Präsens ______________________________

3 beschreiben – Perfekt ______________________________

4 denken – Präteritum ______________________________

5 abhauen – Futur ______________________________

6 betrachten – Plusquamperfekt ______________________________

____

Zusammengesetzte Verben

1 Bilde zusammengesetzte Verben und beuge sie.

a Bilde mit den Präpositionen und den Verben jeweils ein zusammengesetztes Verb nach dem angegebenen Muster.

Präpositionen: bei, mit, an, zu, ab, vor, auf

Verben: bringen, machen, hören, nehmen, geben, bereiten, schreiben

bei + bringen = beibringen; ______

______

______

______

b Werden zusammengesetzte Verben gebeugt, schreibt man sie getrennt. Präge dir dazu das folgende Muster ein.

Personal-pronomen	*beibringen*	______	______
ich	*bringe bei*	______	______
du	*bringst bei*	______	______
er, sie, es	*bringt bei*	______	______
wir	*bringen bei*	______	______
ihr	*bringt bei*	______	______
sie	*bringen bei*	______	______

c Wähle aus der Aufgabe 1a zwei Verben aus. Trage sie in die Tabelle ein und beuge (konjugiere) sie.

Wortliste
anhören /
aufpassen /
vorbereiten /
abschreiben /
zugeben

d Setze die Verben aus der Wortliste richtig gebeugt in die Lücken ein.

1 Ich ______ im Unterricht immer ______.

2 Die Klasse ______ die CD ______.

3 Die Freundin ______ ihren Fehler ______.

4 Die Schüler ______ von der Tafel ______.

5 Das Mädchen ______ ihren Gedichtvortrag ______.

Adjektive

Adjektive bezeichnen **Eigenschaften** und **Merkmale** von Lebewesen, Gegenständen, Tätigkeiten und Vorgängen.
Adjektive lassen sich **deklinieren**. Als **Begleitwort von Nomen/Substantiven** passen sie sich in **Geschlecht (Genus), Zahl (Numerus)** und **Fall (Kasus)** dem Nomen an. Dabei ist es wichtig, ob ein bestimmter oder ein unbestimmter Artikel vor der Wortgruppe steht, z. B.:
*der **wilde** Hund – ein **wilder** Hund; die **süße** Katze – eine **süße** Katze*

Adjektive lassen sich **steigern**. Die Steigerung nennt man die **Komparation** (Verb: komparieren). Sie bilden drei Stufen:

den **Positiv** (die Grundstufe)	den **Komparativ** (die Mehrstufe)	den **Superlativ** (die Meiststufe)
der schnelle Läufer *Katia rennt schnell.*	*der schnellere Läufer* *Mina rennt schneller.*	*der schnellste Läufer* *Max rennt am schnellsten.*

Wortliste
sonnig / gesund / alt / kaputt / rasant / stark / freundlich

1 Wähle aus der Wortliste passende Adjektive aus und setze sie ein. Achte auf die richtigen Endungen.

1 An einem *sonnigen* Dienstag wurde Tom geboren. **2** Als die ______ Wehen einsetzten, wollten seine Eltern schnell ins Krankenhaus. **3** Leider hatten sie damals ein ______ Auto. **4** Auf einer ______ Fahrt zum Krankenhaus brach ein Rad. **5** Das ______ Fahrzeug musste abgeschleppt werden. **6** Aber seine Mutter kam dank eines ______ Taxifahrers noch rechtzeitig ins Krankenhaus und er als ______ Kind zur Welt.

2 Adjektive kann man steigern. Ergänze die Steigerungsformen.

Positiv	Komparativ	Superlativ
		am hellsten
genau		
herzhaft		
sparsam		

●●● 3 Überlege, ob man die Adjektive *einzig, optimal, tot* steigern kann. Begründe.

Endungen von Adjektiven

1 Beuge (dekliniere) die Adjektive.

a Bilde Wortgruppen aus bestimmtem und unbestimmtem Artikel, Adjektiv und Nomen. Orientiere dich an den Mustern in der Tabelle.

Fall/Kasus	männlich	weiblich	sächlich
1. Fall / Nominativ	der **gute** Vater ein **guter** Vater	die **liebe** Mutter eine **liebe** Mutter	das **artige** Kind ein **artiges** Kind
2. Fall / Genitiv	des **guten** Vaters eines **guten** Vaters	der **lieben** Mutter einer **lieben** Mutter	des **artigen** Kindes eines **artigen** Kindes
3. Fall / Dativ	dem **guten** Vater einem **guten** Vater	der **lieben** Mutter einer **lieben** Mutter	dem **artigen** Kind einem **artigen** Kind
4. Fall / Akkusativ	den **guten** Vater einen **guten** Vater	die **liebe** Mutter eine **liebe** Mutter	das **artige** Kind ein **artiges** Kind

Fall/Kasus	neu, der Füller	groß, die Tafel	alt, das Buch
1. Fall / Nominativ	*der neue Füller* *ein neuer Füller*		
2. Fall / Genitiv			
3. Fall / Dativ			
4. Fall / Akkusativ			

b Ergänze in den Sätzen die passenden Adjektivendungen.

1 Die laut*e*___ Musik stört mich. **2** Ich denke an das spannend_____ Buch. **3** Wir helfen dem alt_____ Mann. **4** Die Klasse besucht ein interessant_____ Museum. **5** Der Vater des klein_____ Kindes arbeitet im Garten. **6** Meine Eltern bewundern das modern_____ Haus. **7** Anne zieht einen eng_____ Pullover an. **8** Peter trägt gern eine weit_____ Hose.

Präpositionen

Wörter wie *in, vor, unter, über, hinter, seit, für, mit* sind **Präpositionen**.
Sie drücken **räumliche, zeitliche oder andere Beziehungen** zwischen Wörtern und Wortgruppen aus, z. B.:
Ich gehe vor dem Kino (Wann?) *in den Klub* (Wohin?).
In der Umgangssprache werden Präpositionen und Artikel oft zusammengezogen, z. B.:
am (an dem), beim (bei dem), im (in dem), ins (in das), zur (zu der).

Präpositionen ändern ihre Form nicht, aber sie **fordern** einen bestimmten **Fall**.
Die Frageprobe hilft, den Fall zu bestimmen, z. B.:
Dativ: *mit, nach, von, seit, aus, zu, bei,* z. B.: Wo? *beim (bei dem) Freund*
Akkusativ: *durch, um, ohne, gegen, für,* z. B.: Wohin? *durch den Wald*
Die Präpositionen *an, auf, hinter, in, neben, über, unter, zwischen, vor* können je nach Verb entweder den Dativ oder den Akkusativ fordern.

1 Welchen Fall fordern die Präpositionen?

a Unterstreiche im Text alle Präpositionen mit den dazugehörenden Nomen und deren Begleitwörtern.

1 Ich treffe mich zu Hause mit meiner Freundin. *Dativ*

2 Wir lernen dann gemeinsam für die Schule. ______

3 Zurzeit arbeiten wir an einem Plakat für den Englischunterricht. ______

4 Dafür arbeiten wir mit dem Lehrbuch und einem Wörterbuch. ______

5 Wir können uns für diese Arbeit eine gute Note holen. ______

6 Ohne unsere Lehrerin wären wir nie auf die Idee gekommen. ______

b Bestimme den Fall des Begleitworts und des Nomens und schreibe ihn auf die Linie.

Wortliste
in / unter / neben / hinter / auf / zwischen / an

2 Vervollständige die Sätze, indem du passende Präpositionen aus der Wortliste auswählst und Nomen im richtigen Fall ergänzt.

1 Ich denke oft *an meine Oma*.

2 Ich sitze ______.

3 Mein Vater arbeitet ______.

4 Mein Bruder geht regelmäßig ______.

5 Mein Buch fällt ______.

6 Das Spiel findet ______ statt.

7 ______ liegt eine Katze.

Präpositionen

1 Ergänze in folgenden Sätzen die Wortgruppen in Klammern im Dativ.

1 Ich komme aus *dem Kino* ________. (das Kino)

2 Wir haben mit ____________________ einen spannenden Film gesehen. (unsere Freunde)

3 Er handelt von ____________________ um den Globus. (eine Reise)

4 Nach ____________________ wollen wir noch ein Eis zusammen essen. (der Kinobesuch)

2 Ergänze in folgenden Sätzen die Wortgruppen in Klammern im Akkusativ.

1 In dem Kinofilm geht es um ____________________ unseres Planeten. (die Vielfalt) **2** Checker Tobi reist durch ____________________, um das Geheimnis unseres Planeten aufzudecken. (die Welt) **3** Für ____________________ hat sich Tobi Verstärkung gesucht. (die Reise)

4 Checker Tobi begegnet dabei spannenden und gefährlichen Orten, wie zum Beispiel aktiven Vulkanen. Dies wäre ohne ____________________ nicht möglich gewesen. (Experten)

3 Wechselpräpositionen fordern den Dativ oder den Akkusativ.

a Setze den bestimmten Artikel im richtigen Fall ein.
Achte auf das Verb.

1 Ich sitze auf __________ Kinosessel. **2** Das Popcorn fliegt auf __________ Boden. **3** Jana wartet in __________ Kinosaal auf uns. **4** Der Mitarbeiter geht in __________ Computerraum. **5** Luis sitzt neben __________ Freundin. **6** Cem legt seine Jacke neben __________ Platz. **7** Jula knabbert an __________ Popcorn. **8** Ich kann mich an __________ letzten Kinobesuch noch gut erinnern.

b Markiere in den Sätzen die Präpositionen und Artikel, die verschmelzen können.

Satzbau und Zeichensetzung

Satzarten und ihre Satzschlusszeichen

Der Satzbau und die **Satzart** sind abhängig von der Aussageabsicht der Schreibenden oder Sprechenden:

- Um etwas mitzuteilen, bildet man einen **Aussagesatz**. Die finite Verbform steht immer an zweiter Satzgliedstelle, z. B.:
  Paul / sucht / seine Socken.
  Hannas Oma / hat / einen Kuchen / gebacken. (Satzschlusszeichen: Punkt)
- Um etwas zu erfahren, bildet man einen **Fragesatz**. Die finite Verbform steht im Fragesatz an erster Satzgliedstelle, z. B.:
  Wo / sind / meine Socken?
  Hast / du / einen Kuchen / gebacken? (Satzschlusszeichen: Fragezeichen)
- Um jemanden zum Handeln aufzufordern, bildet man einen **Aufforderungssatz**. Die finite Verbform steht an erster Satzgliedstelle, z. B.:
  Esst bloß nicht den ganzen Kuchen auf einmal!
  Nimm dir bitte saubere Socken aus dem Schrank. (Satzschlusszeichen: Punkt; nach einem Befehl oder einer nachdrücklichen Aufforderung: Ausrufezeichen)

Mündlich macht man Aussageabsicht und Satzart mit der **Satzmelodie** deutlich.

●○○ **1** Schreibe hinter jeden Satz, ob es sich um einen Aussage- oder Fragesatz handelt. Setze die richtigen Satzschlusszeichen.

Tipp
Beachte, an welcher Stelle das finite Verb steht.

Achtung, Fehler!

1 „Die Katze schläft am Fenster_._" Aussagesatz

2 „Ich möchte auf den Fußballplatz gehen__" ____________

3 „Wo ist denn der Fußball__" ____________

4 „Ziehst du Fußballschuhe an__" ____________

5 „Meine Fußballschuhe sind zu klein__" ____________

2 Markiere die Satznummern mit folgenden Farben:
Aussagesätze blau, Fragesätze grün, Aufforderungssätze rot.
Setze die passenden Satzschlusszeichen.

1 „Geh mal in den Keller und hole den Roller herauf__"

2 „Ich finde den Roller hier unten nicht__"

3 „Hast du ihn denn richtig gesucht__"

4 „Wo steht der Roller denn genau__"

5 „Schau gründlich nach__"

6 „Der Roller ist nicht im Keller__"

3 Im folgenden Text fehlen alle Satzschlusszeichen.

a Lies den Text.

Achtung, Fehler!

Der Papagei saß auf seiner Stange im Esszimmer er krächzte: „Iss mit Messer und Gabel setz dich gerade hin beug dich über deinen Teller zappel nicht so herum" diese Sätze krächzte er den ganzen Tag wer hatte sie ihm wohl beigebracht war jemand aus der Familie beim Essen so oft ermahnt worden jedenfalls muss ein Papagei Wörter sehr häufig hören, bis er sie nachsprechen kann

b Schreibe den Text ab und verbessere ihn. Setze dabei die passenden Satzschlusszeichen. Achte auf die Großschreibung am Satzanfang.

Tipp
Achte auf die passenden Satzschlusszeichen.

c Was könnte der Papagei noch sagen oder fragen? Ergänze den Text um zwei eigene Sätze.

●●● 4 Denke dir selbst einen kurzen Text aus, in dem alle Satzarten vorkommen, und schreibe ihn in dein Heft.

3b Im Text sind drei Punkte, zwei Fragezeichen und vier Ausrufezeichen zu setzen.

Der einfache Satz

Die meisten Wörter oder Wortgruppen eines Aussagesatzes kann man umstellen. Eine Ausnahme macht nur die **finite (gebeugte) Verbform**. Sie steht im Aussagesatz immer an der **zweiten Satzgliedstelle**.
An der ersten Satzgliedstelle, also vor der gebeugten (finiten) Verbform, kann immer nur ein Satzglied (Wort oder Wortgruppe) stehen.
Alle weiteren Satzglieder folgen nach der finiten Verbform. Deshalb hilft die **Umstellprobe**, die Anzahl der Satzglieder eines Satzes zu ermitteln.
Zu einem Satzglied gehören jeweils die Wörter, die sich nur zusammenhängend umstellen lassen, z. B.:
Der tapfere Prinz / zerschlug / mit seinem Schwert / die hohe Dornenhecke.
Mit seinem Schwert / zerschlug / der tapfere Prinz / die hohe Dornenhecke.
Die hohe Dornenhecke / zerschlug / der tapfere Prinz / mit seinem Schwert.

1 Wie viele Satzglieder enthält der Satz? Wende die Umstellprobe an.

a Erprobe, welche Wörter jeweils gemeinsam vor der finiten (gebeugten) Verbform stehen können. Schreibe die beiden veränderten Sätze auf.

Einmal spielte eine Prinzessin am Brunnenrand.

____

____

b Trenne in allen drei Sätzen die Satzglieder durch Schrägstriche voneinander.

●●● c Stelle den Satz noch einmal so um, dass eine Frage daraus wird.

____

Tipp
Nutze die Umstellprobe.

2 Trenne in den folgenden Sätzen die Satzglieder durch Schrägstriche voneinander und schreibe ihre Anzahl dahinter.

1 Ihre goldene Kugel / fiel / plötzlich / ins Wasser. (4)

2 Ein Frosch holte die Kugel. (__)

3 Er verlangte von der Prinzessin einen hohen Preis dafür. (__)

4 Die schöne Prinzessin warf den Frosch vor Wut an die Wand. (__)

5 Er wurde plötzlich zu einem ansehnlichen Prinzen. (__)

6 Das junge Paar lebte zusammen glücklich bis an sein Lebensende. (__)

●●● **3** Schreibe alle Sätze des Märchens aus Aufgabe 1 und 2 auf.
Stelle die Satzglieder so um, dass die Sätze gut miteinander verbunden werden.

Einmal spielte eine Prinzessin am Brunnenrand. Plötzlich …

Subjekt

Das **Subjekt** ist das **Satzglied**, über das etwas ausgesagt wird.
Man nennt es auch den **Satzgegenstand**. Das Subjekt lässt sich mit *Wer?* oder *Was?* erfragen. Es steht immer im Nominativ, z. B.:
Hänsel und Gretel fanden den Heimweg. Wer?
Die Kieselsteine wiesen ihnen den Weg. Was?

●○○ **1** Setze passende Subjekte ein. Wähle sie aus der Wortliste aus.

Wortliste
seine Schwester / Hänsel / alle Brotkrumen / Gretel / die Hexe / die Lebkuchen / das Feuer

1 ______________________ wurden tagsüber von Vögeln gefressen.

2 ______________________ schmeckten den hungrigen Kindern köstlich.

3 ______________ lockte die Kinder geschickt in ihr Häuschen.

4 ____________ saß wochenlang im Käfig.

5 ______________________ musste die ganze Zeit hart arbeiten.

2 Bestimme das Subjekt in den folgenden Sätzen.

a Erfrage das Subjekt und schreibe die Frage und die Antwort auf.

1 Statt Hänsels Finger befühlte die Hexe den kleinen Knochen.

Wer oder was befühlte den kleinen Knochen? Die Hexe.

2 Das Holzfeuer erhitzte den Backofen für den Braten.

____

3 Gretels Bruder Hänsel sollte zum Festmahl werden.

____

4 Am Schluss schubste Gretel die Hexe hinein.

____

b Unterstreiche das Subjekt im Satz.

●●● **3** Stelle zwei der Sätze aus den Aufgaben 1 oder 2 so um, dass das Subjekt an einer anderen Stelle im Satz steht.

____

____

____

Prädikat

Das **Prädikat** sagt etwas über das Subjekt aus (**Satzaussage**).
Man kann es mit der Frage *Was wird ausgesagt?* erfragen.
Subjekt und **Prädikat** sind die Hauptbestandteile eines Satzes.
Sie bilden den **Satzkern**, z. B.:

Die böse Königin	*fragt den Zauberspiegel.*
Wer? Was?	Was wird ausgesagt?
Subjekt	Prädikat
Den ganzen Tag schneit	*es.*
Was wird ausgesagt?	Wer? Was?
Prädikat	Subjekt

Besteht das Prädikat nur aus der finiten (gebeugten) Verbform, dann nennt man es **einteiliges Prädikat**.

●○○ **1** Lies die folgenden Aufträge und führe sie aus.

1 Nimm deinen Bleistift in die Hand.

2 Male ein kleines Haus auf den Seitenrand.

3 Hole deinen Radiergummi aus der Federtasche.

4 Entferne das kleine Haus mit dem Radiergummi.

2 Welches Wort hat dir gesagt, was du tun sollst? Unterstreiche es rot.

Wortliste
sprechen / bringen / laufen / führen

3 Vervollständige die Sätze durch passende Prädikate im Präsens.
Nutze die Verben aus der Wortliste.

1 Die Königin *spricht* ______ mit dem Jäger.

2 Der Jäger ______________ das Mädchen in den Wald.

3 Das Mädchen ______________ über sieben Berge.

4 Der Jäger ______________ der Königin das Herz eines Rehs.

4 Setze passende Prädikate im Präteritum ein.

1 Das Mädchen ______________ hinter den sieben Bergen.

2 Es ________ von einem Tellerchen und ____________ aus einem Becherchen.

3 Es ______________ sich in ein Bettchen und ______________ tief und fest.

4 Da ________________ die Zwerge nach Hause.

4 Du musst folgende Verben im Präteritum einsetzen.
leben / essen / trinken / legen / schlafen / kommen

Ein **mehrteiliges Prädikat** besteht aus der finiten (gebeugten) Verbform und einer oder mehreren infiniten (ungebeugten) Verbformen (Infinitiv, Partizip II) oder weiteren Wörtern, z. B.:

Schneewittchen schlief erschöpft ein.

Die Zwerge haben Schneewittchen gefunden.

Der Jäger konnte sie nicht töten. (mit Modalverb)

Das mehrteilige Prädikat kann andere Satzglieder einrahmen.
Es bildet dann einen **prädikativen Rahmen**.

Tipp
Es gibt sieben mehrteilige Prädikate.

5 Bestimme in jedem Satz das Prädikat und unterstreiche es rot.

1 Die Zwerge haben zuerst über Schneewittchen gestaunt.

2 Dann nehmen sie das schöne Mädchen in ihrem Haus auf.

3 Schneewittchen möchte die Zwerge versorgen.

4 Aber die Königin denkt sich einen gemeinen Plan aus.

5 Das vergiftete Apfelstück steckt in Schneewittchens Hals.

6 Die Zwerge beweinen das tote Mädchen.

7 Der Prinz nimmt Schneewittchen im Sarg mit.

8 Sie spuckt das vergiftete Apfelstück aus.

9 Da wacht sie wieder auf.

Wortliste
gerettet werden / vorhaben / anklopfen / vergiften wollen / anbieten / einstreichen

6 Bilde Sätze im Präteritum.

a Setze passende mehrteilige Prädikate aus der Wortliste im Präteritum ein.

1 Die Königin ____________ etwas Gemeines __________.

2 Sie ____________ Schneewittchen ____________________.

3 Zuerst _________ sie ihr einen vergifteten Kamm _______.

4 Aber Schneewittchen _____________ von den Zwergen __________________.

5 Dann _____________ die Königin eine Apfelhälfte mit Gift _________.

6 Als alte Frau verkleidet ______________ sie bei Schneewittchen _______.

b Finde die Subjekte in den Sätzen und unterstreiche sie.

Mehrteilige Prädikate

Tipp
Lies noch einmal auf der Seite 62 nach, wie mehrteilige Prädikate entstehen.

1 Bilde Sätze mit mehrteiligen Prädikaten.

a Setze die Verben in Klammern ein.

1 Aya *muss* ______ Hausaufgaben *machen* ______. (machen müssen)
2 Sie ______ ihre Freundin nicht ______. (treffen können)
3 Aya ______ ihre Freundin am Wochenende ______. (besuchen dürfen)
4 Sie ______ noch Vokabeln ______. (lernen müssen)

b Setze die in Klammern stehenden zusammengesetzten Verben ein.

1 Mihai *steht* ______ morgens um 6.30 Uhr *auf* ______. (*auf*stehen)
2 Er ______ seine Kleidung ______. (*an*ziehen)
3 Dann ______ er sein Deutschbuch ______. (*ein*packen)
4 Mihai ______ nach dem Frühstück ______. (*los*gehen)

Tipp
Lies auf S. 49 nach, wie das Perfekt gebildet wird.

2 Bilde Sätze mit Prädikaten aus zusammengesetzten Zeitformen.

a Setze die in Klammern stehenden Verben im Perfekt ein.

1 Wir *sind* ______ in den Ferien zu Hause *geblieben* ______. (bleiben)
2 Ich ______ jeden Tag zum Fußballplatz ______. (gehen)
3 Dort ______ viele Kinder zusammen Fußball ______. (spielen).
4 Ganze Tage ______ wir auf dem Sportplatz ______. (verbringen)

Tipp
Lies auf S. 49 nach, wie die Zeitformen gebildet werden.

b Setze die in Klammern stehenden Verben in der angegebenen Zeitform ein.

1 Wir ______ in den Ferien ans Meer ______. (fahren, Futur)
2 Dann ______ ich zum ersten Mal die Ostsee ______. (sehen, Futur)
3 Vor dieser Entscheidung ______ wir lange ______. (überlegen, Plusquamperfekt)
4 Zuerst ______ die Idee meiner Schwester ______. (einfallen, Plusquamperfekt)

Objekt (Ergänzung)

Das **Objekt** ist ein Satzglied, welches das Prädikat ergänzt. Der Fall des Objekts ist vom Verb abhängig und kann mithilfe der **Frageprobe** bestimmt werden, z. B.:

Die Kinder hören der Vorleserin zu.	Wem?	Dativobjekt
Der Lehrer begrüßt die Vorleserin.	Wen?	Akkusativobjekt
Die Vorleserin setzt ihre Brille auf.	Was?	Akkusativobjekt

Tipp
Nutze die Frageprobe.

1 Bestimme die Objekte in den folgenden Sätzen.
Schreibe dazu die entsprechenden Fragen mit den Antworten auf.

1 Der Frosch holte der Prinzessin die goldene Kugel aus dem Brunnen. **2** Die Prinzessin fand eine Lösung. **3** Sie gab dem Frosch einen Tritt. **4** Der König gratulierte dem glücklichen Paar. **5** Die Prinzessin nahm die goldene Kugel. **6** Dann schickte sie ihn weg. **7** Aber der Frosch verlangte seine Belohnung.

1 *Wem holte der Frosch die goldene Kugel? Der Prinzessin (DO).*

Was holte der Frosch der Prinzessin? Die goldene Kugel (AO).

2 ______________________________

3 ______________________________

____

4 ______________________________

5 ______________________________

6 ______________________________

7 ______________________________

Wortliste
der Frosch /
der Frosch / er /
eine Bettseite / er /
der Prinzessin /
der seltsame Gast /
seine Gründe /
ein Sitzplatz

2 Setze die Wörter und Wortgruppen aus der Wortliste als Dativ- oder Akkusativobjekte ein. Unterstreiche die Dativobjekte blau und die Akkusativobjekte grün.

1 Mit quakender Stimme verlangte der Frosch *Einlass* .

2 Er erklärte ____________ ____________ .

3 Da bot der König ____________ ____________ neben der Prinzessin an.

4 Man gab ________ keinen Teller und kein Besteck.

5 Die Prinzessin musste ____________ füttern.

6 Später musste sie ________ ____________ überlassen.

Adverbialbestimmungen (Umstandsbestimmungen) des Ortes und der Zeit

Adverbialbestimmungen (Umstandsbestimmungen) sind Satzglieder, die das Prädikat naher bestimmen. Sie bringen z. B. zum Ausdruck, wo und wann etwas geschieht oder jemand etwas tut.
Adverbialbestimmungen des Ortes (Lokalbestimmungen) kann man mit folgenden Fragewörtern erfragen: *Wo? Woher? Wohin?*
Zu Hause hatten Hänsel und Gretel Hunger. Wo?
Adverbialbestimmungen der Zeit (Temporalbestimmungen) kann man mit folgenden Fragewörtern erfragen: *Wann? Wie lange? Seit wann? Bis wann? Wie oft?*
Hänsel und Gretel hatten immer Hunger. Wie oft?

1 Erfrage die Adverbialbestimmung des Ortes und unterstreiche sie farbig.

1 Hänsel und Gretel gingen in den Wald.

2 Dort sahen sie ein Häuschen.

3 Die Hexe lockte die Kinder ins Haus.

2 Erfrage die Adverbialbestimmung der Zeit und unterstreiche sie farbig.

1 Seit Wochen saß Hänsel im Käfig.

2 Gretel musste andauernd fette Braten zubereiten.

3 Eines Abends gelang ihnen die Flucht.

3 Unterstreiche die Adverbialbestimmungen des Ortes orange und die Adverbialbestimmungen der Zeit verschiedenfarbig.

1 Am frühen Morgen holte die Frau die Kinder aus dem Bett.

2 Vor dem Haus gab sie den Kindern anschließend zwei Stückchen Brot.

4 Erfrage die übrigen Satzglieder in jedem Satz der Aufgaben 1 bis 3. Unterstreiche die Subjekte einfach, die Prädikate doppelt, die Dativobjekte blau, die Akkusativobjekte grün.

●●● 5 Füge die Sätze aus den Aufgaben 1 und 2 zu einem Text zusammen. Gestalte den Text abwechslungsreich, indem du die Adverbialbestimmungen an unterschiedlichen Stellen im Satz platzierst.

4 Die Subjekte erfragst du mit *Wer?* oder *Was?*, die Prädikate mit *Was wird ausgesagt?*, die Dativobjekte mit *Wem?* und die Akkusativobjekte mit *Wen?* oder *Was?*.

Attribut (Beifügung)

Attribute (Beifügungen) bestimmen ein Nomen/Substantiv näher. Sie können vor oder hinter ihrem Bezugsnomen stehen. Attribute lassen sich mit *Was für ein (eine, ein)?* oder *Welche (welcher, welches)?* erfragen, z. B.:

eine	*berühmte Märchenerzählerin* vorangestellt	Was für eine Märchenerzählerin?
Märchen	*mit Hexen* nachgestellt	Welche Märchen?

1 Es war einmal ein Königspaar …

a Lies, wie der Text weitergeht.

1 Das Königspaar bekam ein kleines __________ Mädchen. **2** Die __________ Eltern wollten zur Taufe ein Fest feiern. **3** Sie vergaßen eine Frau __________ __________ einzuladen. **4** Aus __________ Wut darüber sprach sie einen Fluch aus. **5** Die Spindel __________ war verzaubert. **6** Sie stach sich damit und die __________ Prinzessin fiel in einen __________ Schlaf.

b Setze nun passende Attribute ein. Nutze die Wortliste.

Wortliste
hundertjährig / lauter / wunderschön / der Prinzessin / aus der Gruppe der Feen / überglücklich

2 Denke dir passende Attribute aus und setze sie in den Text ein.

1 Erst nach __________ Zeit kam ein __________ Prinz. **3** Er hatte von der __________ Prinzessin gehört und wollte in das __________ Schloss eindringen. **3** Mit einem __________ Schwert durchschlug er die __________ Dornenhecke. **4** Er fand die Prinzessin im Turm und gab ihr einen __________ Kuss.

●●● **3** Schreibe das Ende des Märchens auf.
Verwende in deinen Sätzen möglichst viele Attribute und unterstreiche sie.

Kommasetzung bei Aufzählungen

Manche Sätze enthalten **Aufzählungen** in Form von Wörtern oder Wortgruppen. Für ihre Schreibung gelten folgende Regeln:

- Die Glieder einer **Aufzählung** werden durch **Komma** voneinander getrennt.
- Das Komma fällt weg, wenn sie schon mit den Bindewörtern *und, oder, sowie, sowohl … als auch …, weder … noch …* verbunden sind, z. B.: *In Märchen wird gezaubert, verflucht, erlöst, gehasst und geliebt.*

●○○ **1** In folgenden Sätzen sind Aufzählungen enthalten.
Markiere die Kommas farbig und unterstreiche die Bindewörter.

In den Märchen *Dornröschen, Schneewittchen* und *Der Froschkönig* kommen Prinzessinnen vor. Meistens geht es um Liebe, Hass, Freundschaft und Treue. Fast in allen Märchen kommen auch böse Hexen, Zauberer, Feen oder andere Fantasiefiguren vor. Märchen können wir an dem typischen Anfangs- und Endsatz, dem Streit zwischen Gut und Böse, an wundersamen Ereignissen sowie am glücklichen Ende erkennen.

2 Paulas Klasse bereitet ein Märchentheaterstück vor.
Paula hat aufgeschrieben, was alles zu tun ist.

a Lies ihre Notizen.

Achtung, Fehler!

Zuerst müssen wir uns für ein Märchen entscheiden dieses als Drehbuch umschreiben und die Rollen verteilen. Anschließend lesen wir das Drehbuch zur Probe in verteilten Rollen überarbeiten es dann legen wir die endgültigen Sprechtexte fest und die müssen dann alle auswendig lernen. Danach stellt sich jede Schauspielerin und jeder Schauspieler das Kostüm zusammen die anderen sammeln bauen und basteln die Requisiten und eine kleine Gruppe überlegt sich deren Standort auf der Bühne. Außerdem brauchen wir Kinder für die Zweitbesetzungen für die Beleuchtung für das Theaterorchester und den Theaterchor. Zum Schluss müssen wir den Aufführungstermin festlegen die Einladung und das Poster entwerfen das alles verteilen und aufhängen sowie eine Generalprobe machen.

b Setze in Paulas Notizen die fehlenden Kommas.

Tipp
Es fehlen neun Kommas in Paulas Notizen.

Bau des zusammengesetzten Satzes

Viele **zusammengesetzte Sätze** bestehen aus einem **Hauptsatz** und einem **Nebensatz**. Diese Verbindung nennt man **Satzgefüge**.
Hauptsätze erkennt man daran, dass die finite (gebeugte) Verbform an zweiter Satzgliedstelle steht.
Nebensätze erkennt man an folgenden Merkmalen:
- am Satzanfang steht meist ein **Einleitewort**,
- am Satzende steht die **finite (gebeugte) Verbform**, z. B.:

Ich schlief die ganze Fahrt über , weil Autofahren mich immer müde macht.
Hauptsatz (Hs) , Nebensatz (Ns).

●○○ 1 Bilde Satzgefüge.

a Setze aus zwei Teilen einen sinnvollen Satz zusammen.
Verbinde sie jeweils durch eine Linie.

Ida fand es an der Nordsee toll,	wenn wir wieder dorthin fahren.
Es wird bestimmt andauernd regnen,	weil es so weit zu fahren ist.
Ich bin dafür,	obwohl das Wetter so schlecht war.
Aber Papa wird dagegen sein,	dass wir mal nach Italien verreisen.

b Schreibe die Sätze in dein Heft.
Markiere das Komma und das Einleitewort.

2 Unterstreiche die Nebensätze mit einer Wellenlinie.
Markiere das Komma und rahme das Einleitewort ein.

1 Anton fährt in den Ferien am liebsten in die Berge, weil er so gern klettert.
2 Sein Vater hat ihn schon zu Klettertouren mitgenommen, als er erst fünf Jahre alt war.
3 Obwohl es über 20 Meter hinunterging, hat er damals beim Abseilen laut gejuchzt.
4 Mittlerweile geht er einmal pro Woche in die Kletterhalle, damit er auch schwierige Kletterpartien üben kann.
5 Da Klettern ganz schön gefährlich werden kann, hat sich seine Mutter immer gesorgt.
6 Aber mittlerweile macht sie auch mit, nachdem sie in der Kletterhalle viel mittrainiert hat.

3 Setze passende Einleitewörter aus der Wortliste ein und setze die Kommas.

Achtung, Fehler!

Wortliste
die / dass / weil /
wenn / damit

1 Lena wird von allen als Pferdemädchen bezeichnet *, weil* ______ sie so viel Zeit auf dem Ponyhof verbringt.

2 Auch in den letzten Ferien war sie dort ______ sie Reitstunden nehmen und bei der Pferdepflege helfen konnte.

3 Inzwischen trifft sie dort auch ihre besten Freundinnen ______ sie auf dem Ponyhof kennengelernt hat.

4 ______ ihnen der Besitzer des Ponyhofes es erlaubt, wollen sie nächstes Jahr alle zusammen eine mehrtägige Reittour machen.

5 Die Freundinnen müssen sich nämlich dafür die Ponys ausleihen ______ keine von ihnen ein eigenes Pferd besitzt.

6 Sie hoffen alle sehr darauf ______ sie die Erlaubnis bekommen.

●●● **4** Bilde möglichst viele sinnvolle Satzgefüge und schreibe sie auf.

Tipp
Achte auf die Kommasetzung.

Tom macht noch Hausaufgaben. | Marlene schreibt zurzeit mit links.
Lina backt einen Kuchen. | Es klingelt. | Leon spielt Computerspiele.
Ihr rechter Arm ist gebrochen. | Er muss für den Vokabeltest lernen.
Er hat Langeweile. | Sie hat morgen Geburtstag. | Ben ruft bei Kolja an.

obwohl da seit als weil

____

____

____

____

____

____

____

Zeichensetzung in der direkten (wörtlichen) Rede

Um wiederzugeben, was jemand wörtlich sagt oder gesagt hat, verwendet man **direkte (wörtliche) Rede**. Damit dies für Leserinnen/Leser deutlich erkennbar ist, kennzeichnet man in schriftlichen Texten den Beginn und das Ende der direkten Rede mit **Anführungszeichen**.
Oft steht vor, zwischen oder nach der direkten Rede ein **Begleitsatz**, in dem die Sprecherin / der Sprecher genannt wird.
Der Begleitsatz **vor der direkten (wörtlichen) Rede** wird mit einem **Doppelpunkt** abgeschlossen, z. B.:
Theo sagt: „Ich wünsche mir zu Weihnachten ein Waveboard."
Steht der Begleitsatz **zwischen oder nach der direkten Rede**, wird er immer durch **Kommas** abgegrenzt, z. B.:
„Du hast doch schon zwei Skateboards", wundert sich seine Oma.
„Der Unterschied zu Skateboards", beginnt Theo, „ist leicht zu erklären."

●○○ 1 Markiere in den Sätzen zuerst die Begleitsätze.
Setze danach die fehlenden Rede- und Satzzeichen.

1 Till sagt Morgen fällt das Basketballtraining aus.

2 Ist das nicht schon das zweite Mal in diesem Monat fragt Jonas ihn.

3 Ja, das stimmt. Der Trainer ist schon wieder krank antwortet Till.

4 Jonas brummt Na, zum nächsten Turnier ist er sicher wieder gesund.

2 Setze die fehlenden Rede- und Satzzeichen.

1 Heute kündigt die Lehrerin an üben wir nochmal für den Mathetest.

2 Das stöhnt Sophia habe ich auch dringend nötig!

3 Können Sie fragt Ella, die schriftliche Division nochmal erklären?

●●● 3 Die Geschwister Ben und Lena streiten sich darum, wer das Tablet mit den Spielen haben darf.

a Kennzeichne die wörtliche Rede in dem Gespräch.
Setze die fehlenden Rede- und Satzzeichen.

Immer hast du das Tablet meckert Lena ich würde jetzt auch gerne spielen.

Ben entgegnet Du hast doch schon gestern Nachmittag das Tablet gehabt.

Jetzt bin ich mal dran. Das könnte dir so passen erwidert Lena …

b Ergänze das Gespräch um drei weitere Sätze in deinem Heft und verwende alle Kombinationen von Begleitsatz und wörtlicher Rede.

Wortbildung

Wortschatzerweiterung

Zusammengesetzte Nomen/Substantive und Adjektive

Unser Wortschatz erweitert sich ständig, z. B. durch **Zusammensetzungen**. Zusammensetzungen bestehen aus einem **Bestimmungswort** und einem **Grundwort**. Das Grundwort entscheidet über die Wortart und das grammatische Geschlecht der Zusammensetzung. Das Bestimmungswort bestimmt das Grundwort näher, z. B.:

Bestimmungswort	+ Grundwort	= zusammengesetztes Wort
die Tasche	*+ das Messer*	*= das Taschenmesser*
der Geburtstag	*+ das Kind*	*= das Geburtstagskind*

Manchmal muss ein Fugenelement eingefügt werden, z. B.:
der Rabe + schwarz = rabenschwarz
die Geburt + der Tag = der Geburtstag + das Kind = das Geburtstagskind

●○○ **1** Bilde zusammengesetzte Nomen/Substantive aus je zwei der folgenden Wörter. Schreibe sie mit ihrem Artikel auf.

~~Kleid~~ Hand rennen Sturm ~~Haken~~ Schnitt Wirbel Pferd Haar Tasche

der Kleiderhaken, ______________________

____

2 Wörterrätsel: Suche zusammengesetzte Nomen.

a Schreibe die Buchstaben der Lösungswörter in die Kästchen. Ergänze die Artikel.

1 Bahn, die auf Straßenschienen fährt: *die* _ _ _ _ _ _ _ _ _ _ _
2 Haltestelle für den Bus: ______ _ _ _ _ _ _ _ _ _ _ _ _ _ _
3 Schuhe zum Wandern: ______ _ _ _ _ _ _ _ _ _ _ _ _
4 Teich mit Enten darin: ______ _ _ _ _ _ _ _ _ _ _
5 Stand, an dem es Souvenirs gibt: ______ _ _ _ _ _ _ _ _ _ _ _ _ _
6 Bürste für die Haare: ______ _ _ _ _ _ _ _ _ _ _
7 Brille, die vor Sonne schützt: ______ _ _ _ _ _ _ _ _ _ _ _ _
8 Boot, das zur Rettung eingesetzt wird: ______ _ _ _ _ _ _ _ _ _ _ _ _
9 Jemand, der aus Taschen stiehlt: ______ _ _ _ _ _ _ _ _ _ _ _

b Trage das Lösungswort ein und ergänze den Artikel.

_______ _ _ _ _ _ _ _ _ _
1 2 3 4 5 6 7 8 9

3 Bilde weitere zusammengesetzte Nomen. Wähle Aufgabe a oder b.

●○○ a Suche zusammengesetzte Nomen mit dem Bestimmungswort *Geburtstag* und notiere sie mit dem bestimmten Artikel.

●●○ b Verwende das Wort *Rad* (oder das Wort *Räder*) in Zusammensetzungen dreimal als Grundwort und dreimal als Bestimmungswort. Ergänze die Artikel.

4 Bilde anschauliche zusammengesetzte Adjektive und schreibe sie auf. Verbinde dazu je ein Nomen mit einem der Adjektive.

hart Stein Haus scharf

Feder klar Spiegel hoch Messer

leicht Sterne schnell Blitz glatt

Tipp
Du kannst auch andere Farben wählen.

5 Farben lassen sich bildhaft ausdrücken. Notiere zusammengesetzte Farbadjektive für verschiedene Rottöne.

kaminrot,

Abgeleitete Nomen/Substantive, Verben und Adjektive

Unser Wortschatz erweitert sich auch durch **Ableitungen**. Ableitungen entstehen mithilfe von Präfixen (Vorsilben) und Suffixen (Nachsilben), z. B.: *raten: beraten – Beratung.*
An **Suffixen** (Nachsilben) wie ***-heit, -keit, -ung, -schaft, -nis, -tum*** erkennt man **Nomen/Substantive**, z. B.: *neu + -heit → die Neuheit.*
Durch **Präfixe** (Vorsilben) wie ***be-, er-, ent-, miss-, ver-, zer-*** ändert sich die Bedeutung von Verben, z. B.: *raten – beraten – erraten – verraten – missraten.*
An den **Suffixen** wie ***-ig-, -lich, -isch, -sam, -bar*** und ***-haft*** erkennt man **Adjektive**, z. B.: *Saft – saftig, Tag – täglich.*

1 In folgendem Text sind verschiedene Ableitungen unterstrichen.

a Schreibe jeweils drei abgeleitete Nomen/Substantive, Verben und Adjektive heraus.

Die Eltern wollten den Kindern eine Überraschung bereiten. Aber Lina hat sie bei ihrer abendlichen Besprechung belauscht und den Geschwistern das Geheimnis verraten: Sie werden alle in einen Freizeitpark fahren. Was für eine wunderbare Unternehmung! Jonas kann sich schon jetzt für keine der Möglichkeiten entscheiden: Soll er das riesenhafte Kettenkarussell, den wundersamen Märchenwald oder die gruselige Geisterbahn besuchen? Am Sonntag steht die ganze Mannschaft ungeduldig am Eingang. Mira freut sich über die Gelegenheit, gleich im Spiegelkabinett zu verschwinden.

Nomen: ______________________________

Adjektive: ______________________________

Verben: ______________________________

b Markiere bei allen Wörtern die Präfixe (Vorsilben) und Suffixe (Nachsilben).

2 Bilde selbst Ableitungen mithilfe von Präfixen und Suffixen.
Schreibe je zwei Wörter auf und ergänze die Wortart in Klammern.

-tum: ______________________ ( )

ver-: ______________________ ( )

-keit: ______________________ ( )

ent-: ______________________ ( )

-lich: ______________________ ( )

-ig: ______________________ ( )

Wortbedeutung

Wortfelder und Ober- und Unterbegriffe

Wörter gleicher oder ähnlicher Bedeutung bilden ein **Wortfeld**.
Wenn man viele Wörter eines Wortfeldes kennt, kann man sich genauer ausdrücken, z. B.: *gehen: laufen, rennen, rasen, eilen, sausen, hasten, stürzen, schreiten, stelzen, marschieren, wandern, spazieren, schlendern.*
Wörter eines Wortfeldes lassen sich in **Oberbegriffe** mit allgemeiner Bedeutung und **Unterbegriffe** mit spezieller Bedeutung einteilen, z. B.:

Oberbegriff: ***Fahrzeug***

Unterbegriffe: *Bus* | *Auto* | *Fahrrad* | *Motorrad* | *Lastwagen*

1 Schreibe hinter die Wortreihen den jeweils passenden Oberbegriff.

1 Deutsch, Mathe, Kunst, Sport, Englisch: ______________________

2 Holzauto, Puppe, Teddy, Ball: ______________________

3 Fliege, Käfer, Schmetterling, Wanze: ______________________

4 Chinesisch, Russisch, Französisch, Polnisch: ______________________

2 Wortfelder gesucht!

a Trage die fehlenden Oberbegriffe in die erste Zeile der Tabelle ein.

______________	*sprechen*	______________
schauen	*flüstern*	*meckern*
gucken		*nörgeln*
starren		*fluchen*

b Ergänze die Tabelle mit passenden Verben zu den angegebenen Wortfeldern.

Wortliste
massiv / düster / riesig / azurblau / türkisfarben / finster / schwarz / hoch / himmelblau

3 Schreibe zu den Oberbegriffen die passenden Adjektive aus der Wortliste auf.

groß: ______________________

blau: ______________________

dunkel: ______________________

4 Hier sind drei Wortfelder versteckt. Markiere sie mit verschiedenen Farben. Kreise in jedem Wortfeld den Oberbegriff ein.

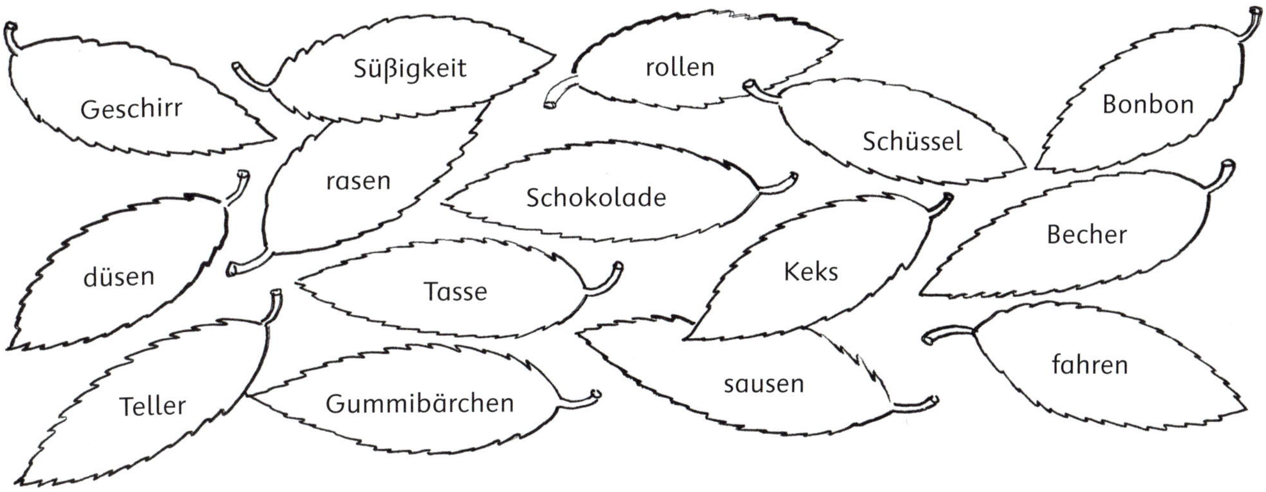

5 Mia will für die Klassenfahrt packen. Sie notiert alles übersichtlich, damit sie nichts vergisst. Ergänze Mias Übersicht.

Reisegepäck

Waschbeutel	*Oberteile*	*Schuhe*
– *Zahnbürste, Zahnpasta*	– *2 T-Shirts*	–
–	– *warmer Pulli*	–
–	–	*Tagesrucksack*
Unterwäsche	–	– *Trinkflasche*
– *4 Paar Socken*	*Badesachen*	– *5 Euro Taschengeld*
–	– *Handtuch*	–
–	–	–
______	–	______
–	–	–
–	–	–

●●● **6** Erstelle in deinem Heft eine Übersicht deiner Wahl (Tabelle oder Liste) zu einem der folgenden Oberbegriffe.

Baumarten   Gedichte   Federtasche

Richtig schreiben

In einem Wörterbuch nachschlagen

In einem Wörterbuch stehen die **Stichwörter** in **alphabetischer Reihenfolge**. Hervorgehobene **Großbuchstaben am Seitenrand** und **Seitenleitwörter** helfen bei der Orientierung. Seitenleitwörter geben jeweils das erste und letzte Wort einer Doppelseite an.
Beim **Nachschlagen** geht man vom ersten Buchstaben des gesuchten Wortes aus und beachtet danach den zweiten, dritten und die folgenden Buchstaben, die ebenfalls alphabetisch geordnet werden, z. B.:
Aal, Abart, Abbau, abbeißen, abbestellen, …

●○○ **1** Du kennst das Alphabet. Ergänze die fehlenden Buchstaben.

Tipp
Das ABC-Lied kann dir helfen.

A, ___

___

2 Schreibe dein Lieblingsalphabet.

Tipp
Ein Xenopus ist ein Krallenfrosch, ein Yak ist ein Rind.

a Verwende nur Tiernamen.

A: Antilope, B: Braunbär, C: Chamäleon, ___

___

___

___

___

___

___

___

b Ordne die folgenden Verben in alphabetischer Reihenfolge.

klettern – laufen – springen – schwimmen – tauchen – galoppieren – graben – fliegen

___

___

___

3 Ordne die Wörter nach dem zweiten, dritten oder vierten Buchstaben.

a Ordne sie nach dem zweiten Buchstaben.

●●● b Ordne sie nach dem zweiten, dritten oder vierten Buchstaben.

Eichhörnchen, Elefant, Eber, Eisvogel, Eidechse, Elch, Eisbär, Erdmännchen, Emu, Eule

____

____

____

4 Arbeite mit einem Wörterbuch.

a Schlage die folgenden Wörter in einem Wörterbuch nach und notiere die Seitenzahl.

1	toll	(Seite ______)	**4**	Spaß	(Seite ______)
2	Lebewesen	(Seite ______)	**5**	saftig	(Seite ______)
3	wachsen	(Seite ______)			

b Ergänze zu drei Beispielen aus Aufgabe a jeweils drei stammverwandte Wörter.

toll: tollkühn, Tollpatsch, Tollwut

____

____

____

●●● **5** Schlage nach, aus welcher Sprache diese Speisen kommen. Notiere auch die Seitenzahl und das Seitenleitwort.

Tipp
Wenn du eine Speise nicht kennst, finde auch heraus, was man da isst.

Wort	Sprache	Seite/Seitenleitwort
Pasta		
Döner		
Tapa		
Zaziki		
Labskaus		

Häufig vorkommende Wortstämme richtig schreiben

Wörter mit *b*, *d*, *g* und *p*, *t*, *k* am Stammende

Am **Stammende** wird *b* wie *p*, *d* wie *t* und *g* wie *k* gesprochen.
Um die richtige Schreibweise zu finden, kann man die **Verlängerungsprobe** nutzen: Man bildet zum Beispiel Pluralformen der Nomen/Substantive, Infinitive der Verben oder Steigerungsformen der Adjektive.
Dann spricht und hört man deutlich den Unterschied zwischen *b* und *p*, *d* und *t* und *g* und *k*, z. B.:
das Ra■ – die Räder → das Rad,
gi■ – geben → gib,
kal■ – kälter → kalt.
Auch die **Verwandtschaftsprobe** hilft, die richtige Schreibweise zu ermitteln.
Man sucht stammverwandte Wörter, z. B.:
tru■ – tragen – trägt – trägst – Träger – Tragetasche → trug.

1 In diesem Wortgitter sind neun Nomen/Substantive versteckt, die auf *b*, *d* und *g* enden.

Tipp
Du findest drei Wörter waagerecht und sechs Wörter senkrecht aufgeschrieben.

a Kreise die Wörter farbig ein.

A	R	D	F	F	R	A	U	I	L
C	E	I	R	E	J	H	A	N	D
E	H	E	L	D	S	I	Z	P	P
M	I	B	X	I	K	S	T	A	G
S	Z	F	I	B	L	W	M	D	G
S	T	R	O	E	K	H	T	H	Q
C	N	Y	K	R	O	T	K	O	P
H	U	V	A	G	R	C	B	R	B
I	Z	O	L	S	B	Z	R	G	U
L	X	L	B	I	M	A	I	V	R
D	I	L	T	A	N	N	W	U	G

b Schreibe die Nomen mit Artikel auf. Ergänze den Plural.

das Schild → die Schilder;

2 Vervollständige die Wortgruppen.

a Setze *b* oder *p*, *d* oder *t*, *g* oder *k* ein.

die Erde be___t, der Betroffene kla___t, das Herz pum___t,

die Wüste le___t, der Teppich stau___t, die Gewerkschaft strei___t,

das Pferd tra___t, das Gespenst spu___t, der Gauner betrü___t

b Bilde zu allen Verben die 2. Person Singular und unterstreiche den Buchstaben am Stammende.

bebt – du bebst, ___

___

___

___

3 Wende die Verwandtschaftsprobe an.

a In jeder Wortfamilie hat sich ein Fehler eingeschlichen.
Streiche das falsch geschriebene Wort durch und korrigiere es.
Markiere in allen Wörtern den Wortstamm.

Achtung, Fehler!

gesünder – Gesundheit – kerngesunt – gesundschreiben

___

Staub – Staubsauger – verstaupt – bestäuben

___

erfolgreich – erfolgen – Erfolg – erfolkt

___

●●● **b** Bilde mit den folgenden Wörtern Wortgruppen.

herb: einen herben Saft trinken; ___

___

grob: ___

___

2a Du kannst aus folgenden Verben auswählen.
pumpen / traben / beben / leben / stauben / betrügen / klagen / spuken / streiken

2b Die 2. Person Singular bildet man aus Wortstamm + Endung *-st*, z. B.:
heben – du heb-st, trinken – du trink-st.

3b Du kannst folgende Wörter nutzen.
eine Niederlage erleiden / eine Enttäuschung erleben / einen Fehler machen / auf Papier zeichnen

Wörter mit kurzem Stammvokal

Nach **kurzen betonten Vokalen (Selbstlauten)** im Wortstamm folgen fast immer **zwei Konsonanten (Mitlaute)**. Meist kann man sie beim Hören gut unterscheiden, z. B.:
der Kasten, die Tante, die Wolke, das Wunder, rasten, welken, binden.
Hört man nur **einen Konsonanten**, dann wird dieser in der Regel **verdoppelt**, z. B.:
die Tasse, die Wanne, der Himmel, das Wetter, treffen, rollen, kämmen.

1 Die folgenden Wörter sind rückwärts aufgeschrieben.

a Lies die Wörter rückwärts laut vor.

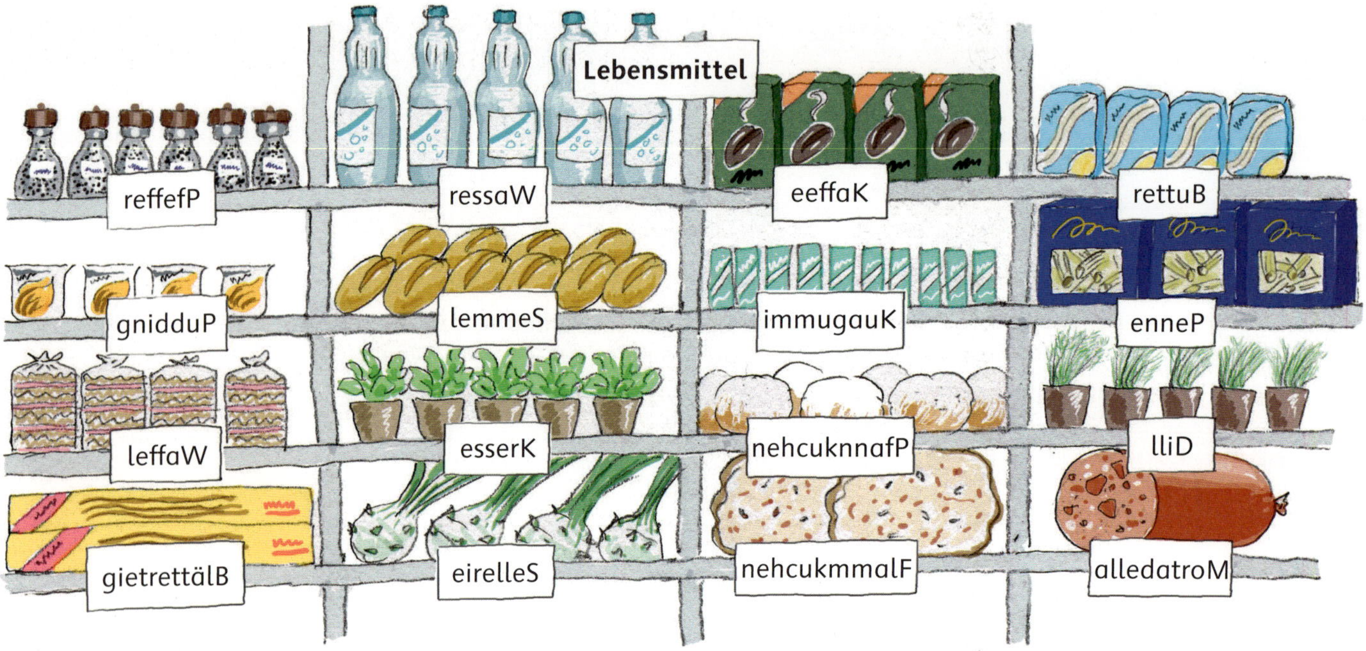

Tipp
Suche zuerst alle Wörter einer Zeile, präge sie dir ein und schreibe sie aus dem Gedächtnis auf.

b Schreibe die Wörter in die passende Zeile. Kennzeichne den kurzen Stammvokal mit einem Punkt und unterstreiche den Doppelkonsonanten.

ff: Pfeffer, ______

ss: ______

tt: ______

ll: ______

mm: ______

dd: ______

nn: ______

●●● **c** Suche eigene Beispiele mit Doppelkonsonant. Bleibe beim Thema „Lebensmittel".

Tipp
Alle Namen enthalten einen Doppelkonsonanten.

2 Schreibe die Namen der Obst- und Gemüsesorten im Plural und gut lesbar auf die Kisten.
Ergänze in Klammern darunter den Singular mit Artikel.

3 Ergänze die Wortgruppen.

1 den Teig ausr_____________
2 ein Stück Fleisch pfe_____________
3 Lieblingskuchen e_____________
4 eigene Nudeln herst_____________
5 sich am heißen Topf verbr_____________
6 ein Würstchen gr_____________
7 Milch verschü_____________
8 die Salatschüssel auffü_____________

2 Folgende Wörter musst du eintragen und in den Plural setzen.
die Limette / die Nuss / die Wassermelone / die Dattel / die Kartoffel

Wörter mit langem Stammvokal

Lang gesprochene Vokale werden im Deutschen unterschiedlich geschrieben:
(1) die meisten Wörter mit einem einfachen Vokal, z. B.: *legen, die Hose.*
(2) manche Wörter mit *h*, z. B.: *die Fahrt, die Mühle.*
(3) einige Wörter mit doppeltem Vokal, z. B.: *der Saal, die Beere.*
Die **Schreibung** muss man sich durch Üben **einprägen**.

1 Ordne den folgenden Wörtern die richtige Regel aus dem Merkkasten zu. Schreibe die Ziffer der entsprechenden Regel in die Klammer.

leben	(*1*)	See	(____)	Saat	(____)
Hahn	(____)	Wal	(____)	Ton	(____)
Mühe	(____)	Boot	(____)		
Zahl	(____)	Wagen	(____)		

Tipp
Bilde Ableitungen und Zusammensetzungen.

2 Bilde weitere stammverwandte Wörter zu den Infinitiven in der Tabelle.

rufen	fragen	baden	schlafen
der Anruf	*das Fragezeichen*	*das Badesalz*	*verschlafen*

3 Hier findest du Wörter mit doppeltem Vokal.

●○○ **a** Bilde zusammengesetzte Wörter und schreibe sie auf die Linien.

Saal	Gummi
Moos	Salz
Tee	Tür
Meer	Kanne

b Welcher doppelte Vokal fehlt hier?
Vervollständige den folgenden Satz.

Auf der All____ im Schn____ am S____ hab ich getrunken einen T____.

In manchen **Wörtern mit langem Stammvokal** wird ein ***h*** eingefügt.
Es markiert die Silben und hilft deshalb beim Lesen.
Steht das *h* am Ende einer Silbe, nennt man es **silbenschließendes *h*** (oder oft auch Dehnungs-*h*). Dieses steht nur vor *l, m, n* und *r*, z. B.: *Höh-le*.
Steht das *h* am Anfang der zweiten Silbe, nennt man es **silbenöffnendes *h***.
Es trennt zwei Vokale voneinander, z. B.: *Schu-he, ge-hen*.

Wortliste
mahlen / malen
lehren / leeren
Wahl / Wal

4 Vervollständige die folgenden Sätze, indem du die passenden Wörter aus der Wortliste mit oder ohne *h* in die Lücke einsetzt.

1 a Im Kunstunterricht möchte ich immer nur ________.

1 b In der alten Mühle wird das Korn immer noch ge________.

2 a Mein Vater ist Professor und ________ an der Universität.

2 b Die Mülltonnen auf der Straße müssen dringend ge________ werden.

3 a Auf das Ergebnis der nächsten Bundestags________ bin ich gespannt.

3 b Im Urlaub konnte ich vom Boot aus einen ________ beobachten.

Wortliste
wählen / nähen /
sehen / zehren /
mähen / lehnen

5 Ordne die Verben aus der Wortliste richtig ein. Kennzeichne dabei die Stellen für die mögliche Silbentrennung mit einem Trennstrich.

Wörter mit silbenschließendem *h*	Wörter mit silbenöffnendem *h*
wäh-len	

6 Bilde so viele Wörter wie möglich. Suche Wörter zur Wortfamilie mit dem Wortstamm *seh* und schreibe sie auf.
Unterstreiche das silbenöffnende *h* im Wortstamm.

zu- fern- Fern-
Ver- an-
seh
aus- -film
-er -en -nerv

____

____

____

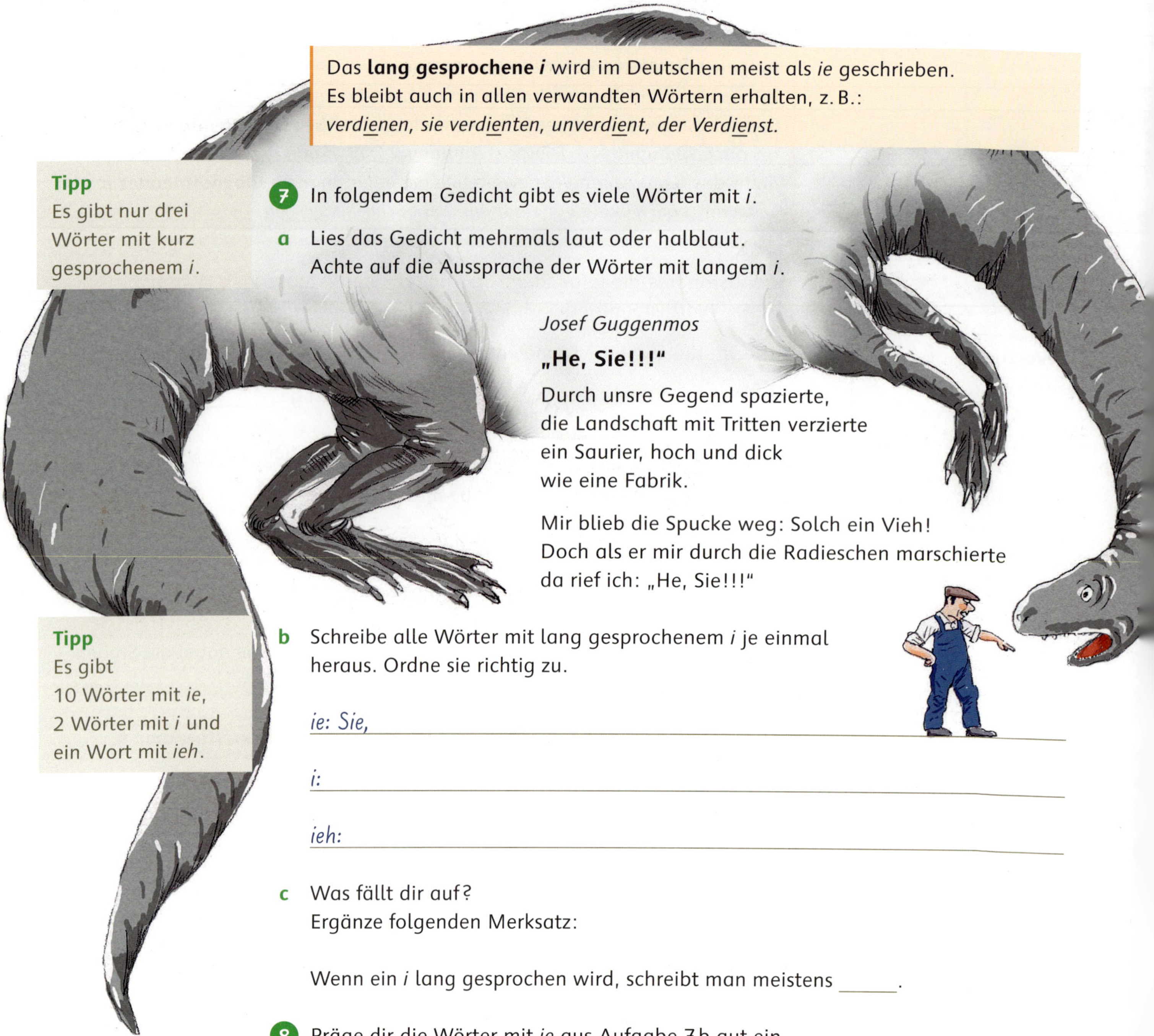

Das **lang gesprochene *i*** wird im Deutschen meist als *ie* geschrieben.
Es bleibt auch in allen verwandten Wörtern erhalten, z. B.:
verdienen, sie verdienten, unverdient, der Verdienst.

Tipp
Es gibt nur drei Wörter mit kurz gesprochenem *i*.

7 In folgendem Gedicht gibt es viele Wörter mit *i*.

a Lies das Gedicht mehrmals laut oder halblaut.
Achte auf die Aussprache der Wörter mit langem *i*.

Josef Guggenmos

„He, Sie!!!"

Durch unsre Gegend spazierte,
die Landschaft mit Tritten verzierte
ein Saurier, hoch und dick
wie eine Fabrik.

Mir blieb die Spucke weg: Solch ein Vieh!
Doch als er mir durch die Radieschen marschierte
da rief ich: „He, Sie!!!"

Tipp
Es gibt
10 Wörter mit *ie*,
2 Wörter mit *i* und
ein Wort mit *ieh*.

b Schreibe alle Wörter mit lang gesprochenem *i* je einmal heraus. Ordne sie richtig zu.

ie: Sie, ______

i: ______

ieh: ______

c Was fällt dir auf?
Ergänze folgenden Merksatz:

Wenn ein *i* lang gesprochen wird, schreibt man meistens ______.

8 Präge dir die Wörter mit *ie* aus Aufgabe 7 b gut ein.

a Schreibe alle Verben mit einem passenden Personalpronomen auf.
Ergänze jeweils den Infinitiv.

er spazierte → spazieren, ______

______

______

b Schreibe die beiden Nomen/Substantive mit *ie* heraus.
Ergänze jeweils den Artikel und bilde den Plural bzw. den Singular.

der ______

______

Typische Buchstabenverbindungen

In der deutschen Sprache gibt es einige **typische Buchstabenverbindungen**, wie **qu, chs, pf, st, sp**, z. B.: *der Quark, der Luchs, der Napf, der Rost, die Spur.* Häufig vorkommende Wörter mit diesen Buchstabenverbindungen sollte man sich einprägen.

●○○ **1** Unterstreiche bei den folgenden Wörtern typische Buchstabenverbindungen.

Pfütze	Quelle	Fuchs	Wespe
Kasten	Topf	Spaß	Wachs

Tipp
Manchmal findest du mehrere typische Buchstabenverbindungen in einem Satz.

2 Lies die nachfolgenden Sätze aufmerksam durch.

a Einige Wörter im Text sind unterstrichen.
Sieh sie dir an und ergänze den Satz darunter.

1 Vor Milliarden Jahren war die Erde trocken und heiß.

2 Die Erde besteht zu einem großen Anteil aus Quarz und Wasserstoff.

3 Diese beiden Elemente haben durch den Druck und die Hitze im Erdkern miteinander reagiert und sind verschmolzen.

4 Das Ergebnis war Wasser und es gelangte aufgrund von Erdbeben als Dampf an die Oberfläche.

5 Ein Teil davon verdampfte durch Sonnenstrahlen in der Atmosphäre, wo es sich in Wolken sammelte.

6 Der Wasserkreislauf entstand.

7 Nur durch Feuchtigkeit konnte überhaupt Leben entstehen.

8 Andernfalls würde es auch kein Trink- und Grundwasser geben.

Bei diesen Wörtern handelt es sich um die typische Buchstabenverbindung ________ .

b Schreibe alle Wörter mit *ck* und *tz* aus den Sätzen in Aufgabe a heraus und ergänze jeweils zwei eigene Beispiele mit diesen typischen Buchstabenverbindungen.

ck: ________________________________

tz: ________________________________

c Du findest zwei Wörter mit der Buchstabenverbindung *pf* im Text in Aufgabe a. Sie gehören zur gleichen Wortfamilie. Notiere sie und ergänze zwei weitere stammverwandte Wörter.

____

____

d Schreibe das Wort mit der typischen Buchstabenverbindung *qu* aus dem Text in Aufgabe a heraus. Ergänze ein weiteres Nomen und Verb mit *qu*.

____

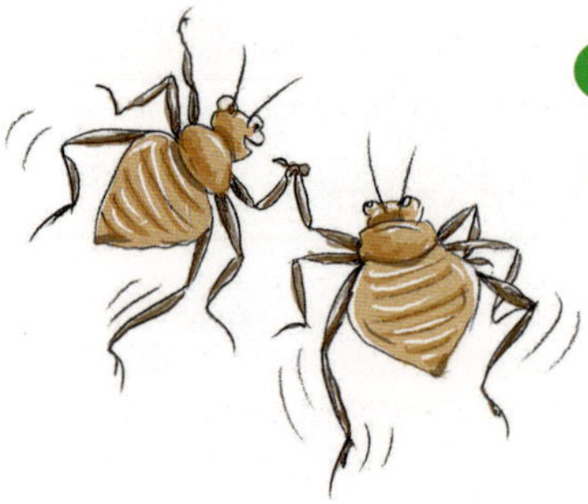

3 Übe mit anderen typischen Buchstabenverbindungen weiter.

a Ergänze passende Reimwörter mit den Buchstabenverbindungen *rz, pf, lk* und *nz*.

1 der Ranzen – die Wa________ – sie ta________

2 der Kram_____ – der Dam_____ – der Kam_____

3 das He_____ – der Schme_____ – der Sche_____

4 die Ne________ – sie we________

b Schreibe zu den folgenden Verben ein stammverwandtes Nomen auf. Ergänze auch den Artikel.

1 tanzen – *der Tanz*

2 glänzen – __________

3 verwurzeln – __________

4 verarzten – __________

5 filzen – __________

6 salzen – __________

●●● **c** Schreibe mit den Wörtern aus der Wortliste eine kleine Geschichte.

Wortliste
die Walze /
der Sturz /
schmerzen /
krank /
merken /
einschränken /
der Dank

Wörter mit *s*, *ss*, *ß* im Wortstamm

In Wörtern mit **langem Stammvokal** oder **Zwielaut** (*ei, au, eu, äu, ai, oi, ui*) schreibt man
- ***s***, wenn der *s*-Laut stimmhaft (summend) gesprochen wird, z. B.: *der Rasen*.
- ***ß***, wenn der *s*-Laut stimmlos (zischend) gesprochen wird, z. B.: *die Straße*.

Nach **kurzem betonten Stammvokal** folgen meist **zwei Konsonanten**.
Hört man nur einen Konsonanten, wird er beim Schreiben verdoppelt.
Das gilt auch für Wörter mit ***ss***, z. B.: *das Wasser.*
Bei einsilbigen Wörtern kann man die **Verlängerungsprobe** nutzen, z. B.:
das Gla■ – die Gläser, Flei■ – fleißig, die Nu■ – die Nüsse.
Das ***ss*** bleibt auch in verwandten Wörtern mit kurzem betonten Vokal erhalten, deshalb hilft auch die **Verwandtschaftsprobe**, z. B.:
passen → *es passt, essen* → *du isst.*

1 Schreibe die Wörter mit *s*-Laut richtig auf.

Wortliste
resseM / ßüs / salG / lesseK / nehcssib / ßotS / gissE

a Die Wörter aus der Wortliste sind rückwärts geschrieben. Schreibe sie richtig auf und kennzeichne den kurzen betonten Vokal mit einem Punkt und unterstreiche den langen betonten Vokal.

____

____

b Wende die Verlängerungs- oder die Verwandtschaftsprobe an. Ergänze die richtige Schreibung in den vorgegebenen Wörtern.

1	*Krei(s)e*	Krei *s*	6	______	Grei__
2	______	Fel__	7	______	Gra__
3	______	Mau__	8	______	Ga__
4	______	Lo__	9	______	Gan__
5	______	Hal__	10	______	Prei__

c Kreise das stimmhafte *s* ein.

2 Ergänze *s*, *ss* oder *ß* in den Reimwörtern.

1 das Wasser flie____t – der Jäger schie____t

2 Spaghetti e____en – Zitronen pre____en

3 das Auto ra____t – die Kuh gra____t

4 das Raubtier fri____t – der Bauarbeiter mi____t

5 der Wind brau____t – die Katze sau____t

Worttrennung

Um beim Schreiben Platz zu sparen, kann man **Wörter am Zeilenende nach Sprechsilben trennen**, z. B.: *die Haupt-stadt, wirk-lich, bau-en.*
Es gelten folgende **Trennungsregeln**:
(1) Wenn an der Silbengrenze nur ein Konsonant (Mitlaut) steht, so kommt er auf die neue Zeile, z. B.: *fra-gen, re-den, der Ma-ler.*
(2) Stehen zwei oder mehr Konsonanten an der Silbengrenze, dann kommt nur der letzte auf die neue Zeile, z. B.: *tan-ken, die Hit-ze, sin-gen.*
(3) Buchstabenverbindungen, wie *ck, ch, sch, th* oder *ph*, werden nicht getrennt, z. B.: *we-cken, la-chen, die Wä-sche.*
(4) Einzelne Vokale werden am Wortanfang nicht abgetrennt, z. B.: *der Ofen, die Ader, edel, das Ufer.*

1 Übe die Trennungsregeln mithilfe der folgenden Wörter.

a Schreibe die Wörter mit allen Trennmöglichkeiten auf.

1 Sonnenschein ______________________ (________)

2 ausschlafen ______________________ (________)

3 Wasser ______________________ (________)

4 Seeblick ______________________ (________)

5 verreisen ______________________ (________)

6 faulenzen ______________________ (________)

7 Sachen packen ______________________ (________)

8 Saphir ______________________ (________)

b Schreibe in die Klammern die Nummer(n) der passenden Trennungsregel(n) aus dem Merksatz.

Achtung, Fehler!

2 Streiche die falschen Trennungen durch.

1	vertau-schen	ver-tau-schen	ver-tau-sch-en
2	ein-la-den	ein-lad-en	ei-nla-den
3	Sa-xo-phon	Sax-o-phon	Sa-xop-hon
4	Zu-cker-kuc-hen	Zuc-ker-kuch-en	Zu-cker-ku-chen
5	katho-lisch	kat-ho-lisch	ka-tho-lisch
6	Möch-te-gern	Mö-chte-gern	Möch-te-ger-n

Tipp
Nutze bei Unsicherheiten ein Wörterbuch.

Groß- und Kleinschreibung

Nomen/Substantive

Wenn man nicht weiß, ob ein Wort groß- oder kleingeschrieben wird, kann man die **Artikelprobe** nutzen: Man erprobt, ob bei dem Wort ein Artikel steht oder ein Artikel stehen könnte, z. B.:
Drei (die) Mädchen gucken aus dem Fenster.
Manchmal „verstecken" sich Artikel, indem sie mit einer Präposition (Verhältniswort) verschmelzen, z. B.:
am (an dem) Donnerstag, im (in dem) Haus, zur (zu der) Schule.

1 „Ronja Räubertochter" – der Film zum Buch von Astrid Lindgren

a Lies die folgenden Sätze und unterstreiche alle Nomen/Substantive.

Wie in den meisten Filmen gibt es auch in dem Kinderfilm des Kinderbuchs „Ronja Räubertochter" viele Filmtricks. Die Mattisburg ist in Wirklichkeit nur ein kleines Modell. Die Tränen, die die Schauspieler weinen, sind aus durchsichtigem, flüssigem Fett. Die Feuerwehr sprüht den Regen. Viele Hubschrauber erzeugen den Sturm. Die Graugnome im Film sind kleine Kinder. Sie werden in haarige Kostüme gesteckt und haben Lampen als Augen.*

b Schreibe acht Nomen heraus und ergänze den Artikel.

____

____

____

____

Achtung, Fehler!

2 Schreibe den folgenden Text über Astrid Lindgren in der richtigen Groß- und Kleinschreibung in dein Heft.

Astrid Lindgren war die berühmteste kinderbuchautorin der welt. Sie hat 82 bücher geschrieben. Die sind in 90 sprachen übersetzt worden. Es sind über 14 millionen exemplare ihrer bücher gedruckt und verkauft worden. Irgendjemand, der gut in mathematik war, hat vor ein paar jahren mal ausgerechnet: Wenn man alle Astrid-Lindgren-Bücher in einer reihe nebeneinanderlegen würde, dann würde diese bücherschlange dreimal um die gesamte erde reichen! Wenn man sie aufeinanderstapeln würde, könnte man damit 175 Eiffeltürme bauen. Kannst du dir das vorstellen? Der echte Eiffelturm in Paris ist 320 meter hoch. 175 Eiffeltürme nur aus büchern?*

Anredepronomen

Pronomen werden normalerweise kleingeschrieben, z. B.: *ich, er, mein.*
In Karten, Briefen und E-Mails werden **persönliche Anredepronomen** in der Regel ebenfalls **kleingeschrieben**, z. B.: *du, dir, dich, ihr, euch, eure.*
Man darf sie aber auch großschreiben, wenn man sein Schreiben besonders höflich gestalten möchte.
Die **höflichen Anredepronomen *Sie* und *Ihr*** und alle ihre Formen werden immer **großgeschrieben**, z. B.:
Bitte teilen Sie mir mit, wann Ihre Veranstaltung stattfindet.

1 Die Theater-AG der fünften Klassen hat ein tolles Stück einstudiert und möchte es aufführen. Du möchtest die Eltern und Lehrer zur Aufführung einladen. Ergänze in der Einladung die richtigen Anredepronomen.

Liebe Eltern, liebe Lehrerinnen und Lehrer,

wir möchten __________ gern zu unserer Theateraufführung am Donnerstag, dem 18.05. um 18.00 Uhr in die Aula unserer Schule einladen.

Wir haben viel geübt und möchten ______________ zeigen, dass es sich gelohnt hat. Bitte kommen __________ zahlreich zu unserer Aufführung.

Wir freuen uns auf __________ und hoffen, dass ______________ unser Stück gefallen wird. Wir versprechen ______________ einen tollen Abend.

____________ Theaterkids

Tipp
Achte auf die richtige Verbform.

2 Du hattest in diesem Jahr eine besondere Klassen- oder Projektfahrt. Schreibe eine Postkarte an deine Eltern oder an eine Freundin / einen Freund.

Liebe/-r ____________________________,

ich sende ____________ liebe Grüße aus/von ______________________________.

____________ kannst/könnt ____________ nicht vorstellen, wie schön es hier ist.

Es ist spannend und ich erlebe wirklich viel. Schade, dass ____________ nicht dabei sein kannst/könnt.

____

____

____

Bis bald

____________ ______________________________

Mit dem folgenden Test kannst du herausfinden, was du schon sicher kannst und was du noch üben musst. Folgende Bereiche kannst du überprüfen:

A Verstehen von Texten (Aufgaben 1–3)	ca. 15 min.		12 P.
B Grammatik (Aufgaben 4–9)	ca. 20 min.		58 P.
C Rechtschreibung (Aufgaben 10–13)	ca. 20 min.		51 P.
D Schreiben von Texten (Aufgabe 14)	ca. 60 min.		P.
Insgesamt:	ca. 115 min.		P.

Den Bewertungsmaßstab für den Teil D müsst ihr in der Klasse festlegen. Bevor du mit der Bearbeitung der Aufgaben beginnst, lies die Aufgabenstellungen genau. Trage in die Kästchen deine erreichte Punktzahl ein.

Alle Aufgaben beziehen sich auf folgenden Text. Lies ihn am besten zuerst einmal, bevor du mit dem Lösen der Aufgaben beginnst.

Schon in der Steinzeit kauten die Menschen auf Baumharzen, Blättern und Ästen herum. In Südschweden fanden Archäologen den ältesten Kaugummi der Welt aus Birkenpech. Das klebrige Zeug war schwarz, dickflüssig wie Teer und schmeckte eklig. Die Menschen kauten es damals, um das Pech weich zu machen und als Klebstoff für Boote zu verwenden. Doch auch in anderen Ländern wurde auf pflanzlichen Harzen herumgekaut.

In der Türkei und ihren Nachbarländern wird Mastixharz noch heute für den berühmten „Türkischen Honig“ verwendet.

Die alten Ägypter und auch die Römer nutzten dafür das Harz des Mastixbaumes. Mayas und Azteken kauten auf „Chicle“, einer Kaumasse aus dem latexartigen Saft des Breiapfelbaumes. Diesen Grundstoff benutzte auch der „Vater des Kaugummis“, Thomas Adams. Wobei er eigentlich daraus Fahrradreifen machen wollte. Als das nicht funktionierte, bemerkte er, wie gut sich das Chicle kauen ließ, und verkaufte es seit 1871 als Kaugummistreifen. Sein erster Kassenschlager schmeckte nach Lakritz.

A Textverständnis

1 P.

1 Über welches Thema informiert der Text?
Formuliere eine Überschrift, die auf das Thema hinweist, und schreibe sie über den Text.

2 Überlege, nach welchen Schlüsselwörtern du beim Überfliegen des Textes suchen könntest, um die folgende Frage zu beantworten.

3 P.

a Notiere mindestens drei Schlüsselwörter zu folgender Frage.

1 In welchem Land wurde der älteste Kaugummi der Welt gefunden und woraus bestand er?

____

2 P.

b Suche mithilfe deiner Schlüsselwörter die Textstellen, die dir bei der Beantwortung der Frage aus Aufgabe 2 a helfen. Markiere die Textstellen.

2 P.

c Beantworte nun die Frage in kurzen Sätzen.

____

____

____

____

3 Beantworte auch die beiden folgenden Fragen in kurzen Sätzen. Markiere dir vorher die entsprechenden Textstellen.

2 P.

2 Auf welchen anderen Dingen kauten die Menschen früher als Kaugummiersatz und warum?

____

____

____

2 P.

3 Was wollte Thomas Adams eigentlich aus „Chicle“ herstellen?

____

____

____

____

B Grammatik

11 P.

4 Ergänze in der Tabelle die fehlenden Singular- und Pluralformen der Nomen/Substantive mit dem richtigen Artikel.

Singular	Plural
der/das Kaugummi	
	die Äste
	Grundstoffe
der Vater	
das Land	

14 P.

5 Bilde die Leitformen der Verben und trage die fehlenden Formen in die Tabelle ein.

Infinitiv	3. Person Singular Präteritum	Partizip II
kauen		
	fand	
		geschmeckt
		benutzt
bemerken		
	ließ	
verkaufen		

3 P.

6 Was ist gemeint? Suche das entsprechende zusammengesetzte Nomen aus dem Text auf Seite 91 heraus und schreibe es mit dem Artikel auf.

1 früheste Epoche der Menschheitsgeschichte:

____

2 ein anderes Wort für einen anhaftenden Leim:

____

3 wichtiges Fahrradzubehör:

____

16 P. **7** Ordne die folgenden Wörter den entsprechenden Wortarten zu. Achte auf die richtige Schreibung.

STEINZEIT / EKLIG / DIE / ARCHÄOLOGEN / PFLANZLICH / HERUMKAUEN / DAS / SCHWARZ / PECH / SCHMECKEN / DER / TEER / KLEBRIG / BENUTZEN / EINE / AUSSPUCKEN

Nomen	Verben	Adjektive	Artikel
______	______	______	______
______	______	______	______
______	______	______	______
______	______	______	______

6 P. **8** Schreibe in die Klammern, welche Satzglieder unterstrichen sind: Subjekt (S), Prädikat (P), Dativobjekt (DO), Akkusativobjekt (AO), Adverbialbestimmung des Ortes (ABO) oder Adverbialbestimmung der Zeit (ABZ).

1 Ein Kaugummi besteht zur Hälfte aus Zucker und anderen Süßstoffen. (_____)

2 Seit 1992 ist in Singapur der Verkauf von Kaugummis verboten. (_____)

3 In vielen Ländern kann man Kaugummis in allen Farben aus dem Kaugummiautomaten ziehen. (_____)

4 Weltweit kauen die Menschen etwa eine halbe Million Tonnen Kaugummi pro Jahr. (_____)

5 Kaugummi wirken gut gegen Mundgeruch. (_____)

6 Ende des 19. Jahrhunderts stieg William Wrigley in den Kaugummimarkt ein. (_____)

8 P. **9** Setze die fehlenden Kommas.

1 Viele Leute kauen Kaugummi weil es ihnen Spaß macht.

2 Die geschmacksgebenden Zutaten beim Kaugummi sind Zucker Süßstoffe und Aromen.

3 Kaugummis kleben an Sachen auf der Straße an der Hand oder auf dem Tisch.

4 Kaugummis sollen die Konzentration verbessern gut in der Zahnpflege sein und zudem noch schlau machen.

5 Obwohl es Zahnpflegekaugummis gibt kann das Kauen eines Kaugummis das gründliche Zähneputzen nicht ersetzen.

6 Lehrer verbieten das Kaugummikauen im Unterricht weil das lautstarke Schmatzen Blasenmachen Fädenziehen oder das Spielen mit dem Kaugummi stört.

C Rechtschreibung

7 P.

10 Schreibe aus dem Text auf Seite 91 alle Wörter mit dem Wortstamm *kau* heraus.

______

______

______

______

6 P.

11 Ergänze die fehlenden Konsonanten.

der älteste Kaugu_____i der Welt, dickflü_____ig wie Teer,

eine weiche Ma_____e, mehr Sauersto_____ im Gehirn, Birkenpech als

erster Klebsto_____ der Welt, Menschen kauten auf Blä_____ern

18 P.

12 Ergänze zu jedem Wort drei stammverwandte Wörter.
Achte auf die richtige Schreibweise.

Wahl: ______

______

dehnbar: ______

______

Geschmack: ______

______

glatt: ______

______

essen: ______

______

unterschiedlich: ______

______

20 P. **13** Schreibe folgenden Text in richtiger Groß- und Kleinschreibung auf.

Das erste eigene kaugummiwerk wurde von dem sehr fleißigen amerikaner william wrigley 1894 eröffnet. Er stellte vier verschiedene sorten kaugummi her. William wrigley hatte eine tolle idee. Von allen telefonbesitzern schrieb er die adresse auf und schickte jedem ein päckchen kaugummi – natürlich kostenlos. Kinder bekamen zum geburtstag ein kaugummigeschenk. Im jahr 1926 eröffnete der geschäftsmann eine kaugummifabrik in deutschland. Die geschäfte in deutschland waren aber wenig erfolgreich.

D Texte schreiben

P. **14** Erfinde zu der Bildfolge eine Geschichte und schreibe sie in dein Heft.
Gehe dabei so vor:

- Sammle zuerst Ideen und notiere Stichpunkte.
- Überlege dir ein passendes Ende.
- Schreibe danach einen Entwurf deiner Geschichte.
- Überarbeite deinen Entwurf und schreibe die Endfassung.
- Suche eine passende Überschrift.